Piaget-Vigotsky: contribuciones para replantear el debate

José Antonio Castorina
Emilia Ferreiro
Marta Kohl de Oliveira
Delia Lerner

Piaget-Vigotsky: contribuciones para replantear el debate

PAIDÓS
Buenos Aires - Barcelona - México

Traducción del capítulo 2, de M. Kohl de Oliveira, "Pensar la educación: contribuciones de Vigotsky": Gladys Rosemberg

Cubierta de Gustavo Macri

1a. edición, 1996

Impreso en la Argentina - Printed in Argentina
Queda hecho el depósito que previene la ley 11.723

© Copyright de todas las ediciones en castellano

Editorial Paidós SAICF
Defensa 599, Buenos Aires

Ediciones Paidós Ibérica SA
Mariano Cubí 92, Barcelona

Editorial Paidós Mexicana SA
Rubén Darío 118, México

La reproducción total o parcial de este libro, en cualquier forma que sea, idéntica o modificada, escrita a máquina, por el sistema "multigraph", mimeógrafo, impreso por fotocopia, fotoduplicación, etc., no autorizada por los editores, viola derechos reservados. Cualquier utilización debe ser previamente solicitada.

ISBN 950-12-2121-0

ÍNDICE

El debate Piaget-Vigotsky: la búsqueda de un criterio para su evaluación, *José Antonio Castorina* 9

Pensar la educación: las contribuciones de Vigotsky, *Marta Kohl de Oliveira* 45

La enseñanza y el aprendizaje escolar. Alegato contra una falsa oposición, *Delia Lerner* 69

Acerca de la necesaria coordinación entre semejanzas y diferencias, *Emilia Ferreiro* 119

LISTA DE AUTORES

José Antonio Castorina es secretario de Investigaciones y profesor de la Facultad de Psicología de la Universidad de Buenos Aires. Es coautor de diversas publicaciones sobre temas de psicogénesis de los conocimientos sociales y sobre problemas epistemológicos de la psicología genética.

Emilia Ferreiro –conocida investigadora argentina que actualmente trabaja en el CINVESTAV, México– abrió un nuevo campo de investigación en el programa piagetiano: la psicogénesis del sistema de escritura. Actualmente desarrolla, con la misma originalidad, estudios comparativos en distintas lenguas sobre la producción de textos por parte de los niños.

Marta Kohl de Oliveira, investigadora brasileña de sólida formación vigotskiana, es profesora de la Facultad de Educación de la Universidad de San Pablo. Ha publicado numerosos trabajos sobre modalidades de pensamiento en personas letradas y no letradas y es también autora de un libro sobre la obra de Vigotsky.

Delia Lerner es investigadora en temas de didáctica de la matemática y de la lengua escrita, y autora de gran cantidad de trabajos en esas áreas. Profesora del Departamento de Ciencias de la Educación de la Universidad de Buenos Aires, se desempeña asimismo como asesora de proyectos orientados hacia el diseño curricular y la capacitación de los docentes.

NOTA DE LOS AUTORES

Los textos reunidos en este volumen se originaron en una sesión de discusión que se llevó a cabo en el contexto del Encuentro Latinoamericano de Didáctica de la Lengua Escrita organizado por la Red Latinoamericana de Alfabetización y realizado en Montevideo, en agosto de 1993.

La ortografía en caracteres latinos del autor ruso es fluctuante. Se han utilizado las siguientes variantes:
Vigotsky, en español (que hemos adoptado);
Vygotsky, en inglés;
Vygotski, en francés;
Vygotskij, en italiano;
Vigotskii, en portugués.
Todas ellas reflejan adecuadamente la diferencia entre los dos fonemas vocálicos (inicial y final) del nombre ruso original. Sin embargo, por razones de dominancia lingüística, tiende a prevalecer ahora la ortografía *Vygotsky*, adoptada en inglés, que es la única que *no* respeta la diferencia fonética del original ruso.

EL DEBATE PIAGET–VIGOTSKY: LA BÚSQUEDA DE UN CRITERIO PARA SU EVALUACIÓN

José Antonio Castorina

INTRODUCCIÓN

En los últimos años la discusión entre las ideas de Piaget y las de Vigotsky, tal como han sido interpretadas por sus seguidores, ha cobrado una notable actualidad en el mundo latinoamericano. El principal motivo de dicho debate reside en las consecuencias divergentes que parecen resultar de las teorías en la apreciación y orientación de la práctica educativa.

Y hay que decir que para muchos teóricos y profesionales de la educación resulta evidente el conflicto irreductible y la necesidad de optar entre ellas. Semejante versión, basada en lecturas superficiales, en algunos casos dogmáticas y en otros simplemente erróneas, de los textos clásicos y de las indagaciones más recientes, impide una auténtica confrontación que incluya un examen de la naturaleza de las perspectivas y problemas que se plantearon nuestros autores. Además, tiene la consecuencia de evitar la realización de indagaciones conjuntas entre piagetianos y vigotskianos que pudieran contribuir a nuestra comprensión de la práctica educativa.

Por lo tanto, el propósito de este trabajo es discutir algunos criterios estándar de comparación entre ambos autores y proponer una perspectiva alternativa centrada en la naturaleza de las problemáticas que han organizado las indagaciones psicológicas sobre los conocimientos.

Por otra parte, busca utilizar esta última propuesta para reexaminar la comparación respecto de algunos temas cruciales como aprendizaje y desarrollo o la formación de conceptos cotidianos y científicos, entre otros posibles. Esta elección temática toma en cuenta su relevancia para el análisis de la práctica educativa.

Asimismo, intenta analizar el impacto de las producciones conceptuales y empíricas de cada programa de investigación en el otro, para establecer si cada uno de ellos puede asumirlos como desafíos para renovar sus hipótesis o si de ello resultan sólo inconsistencias con las propias. En general: si se pueden encontrar relaciones de compatibilidad, incompatibilidad, reducción o complementariedad entre los programas.

Por último, caracteriza un espíritu dialéctico compartido en el núcleo teórico de ambos programas, que puede posibilitar una colaboración en la investigación empírica de los problemas planteados por la práctica educativa.

Cabe, no obstante, realizar dos aclaraciones: por un lado, el autor de este trabajo, si bien intenta formular criterios epistemológicos de comparación, no puede dejar de situarse en la perspectiva de su formación piagetiana; por el otro, las reflexiones y propuestas presentadas están orientadas más a la defensa de un criterio que a realizar un análisis exhaustivo. En resumen, se busca argumentar sobre la necesidad de una indagación compartida, precisa y puntual, acerca de temas de interés común entre psicólogos vigotskianos y piagetianos.

Una crítica de la versión estándar y un cambio de perspectiva

Para una buena parte de los psicólogos del desarrollo, psicólogos educacionales y aun pedagogos del mundo europeo y también latinoamericano, las teorías de Piaget y de Vigotsky son dos versiones opuestas acerca del desarrollo intelectual y los procesos de aprendizaje.

No obstante, se reconoce que ambas teorías se asemejan porque presentan algunos rasgos comunes: un estructuralismo débil, en el sentido de que Vigotsky ha defendido un estudio interrelacionado y no reduccionista de las funciones y procesos psicológicos, y Piaget ha insistido en la constitución de sistemas estructurales como la clave del desarrollo de la inteligencia; un enfoque genético compartido en cuanto a las funciones psicológicas en Vigotsky y los sistemas de conocimiento en Piaget sólo puede ser estudiado en su proceso de formación; y que tanto Vigotsky como Piaget han enfatizado la actividad del sujeto en la adquisición del conocimiento y el carácter cualitativo de los cambios en el desarrollo (García Madruga, 1991).

Sin embargo, para esta versión las diferencias son más relevantes que las semejanzas. En Vigotsky la interacción social y el instrumento lingüístico son decisivos para comprender el desarrollo cognoscitivo, mientras en Piaget este último es interpretado a partir de la experiencia con el medio físico, dejando aquellos factores en un lugar subordinado. Además, el proceso de desarrollo intelectual, explicado en Piaget por el mecanismo de equilibración de las acciones sobre el mundo, precede y pone límites a los aprendizajes, sin que éstos puedan influir en aquél. Por el contrario, para Vigotsky el aprendizaje interactúa con el desarrollo, produciendo su apertura en las zonas de desarrollo próximo, en las que las interacciones sociales y el contexto sociocultural son centrales.

En líneas generales, la teoría piagetiana es presentada como una versión del desarrollo cognoscitivo en los términos de un proceso de construcción de estructuras lógicas, explicado por mecanismos endógenos, y para la cual la intervención social externa sólo puede ser "facilitadora" u "obstaculizadora". En pocas palabras, una teoría universalista e individualista del desarrollo, capaz de ofrecer un sujeto activo pero abstracto ("epistémico"), y que hace del aprendizaje un derivado del propio desarrollo.

Por su parte, la teoría de Vigotsky aparece como una teoría histórico-social del desarrollo, que propone por primera vez una visión de la formación de las funciones psíquicas superiores como "internalización" mediada de la cultura y, por lo tanto, postula un sujeto social que no sólo es activo sino, ante todo, interactivo.

De esta forma, la comparación estándar está formulada a partir de las siguientes suposiciones:

1) Las teorías en debate son respuestas a una serie de problemas comunes planteados por el desarrollo cognoscitivo: el de "los factores determinantes del desarrollo", el de "la formación del lenguaje y su intervención sobre el pensamiento", o el planteado por "la relación entre lo individual y lo social en el desarrollo", o "la reducción, dualidad o interacción entre desarrollo y aprendizaje", para mencionar sólo algunos de los que han sido considerados en la bibliografía.

2) Respecto de tales problemas se establecen tesis más o menos opuestas, más o menos diferentes: una secuencia universal de formas de pensamiento frente a un proceso contextuado de apropiación de la cultura; el lenguaje del grupo cultural dirigiendo la formación de los conceptos frente a una historia de reestructuración lógico-matemática que utiliza el lenguaje únicamente como significante; la constitución de los conocimientos explicada por "internalización" de la cultura frente a una explicación por equilibración de los sistemas de conocimiento; el actor de los conocimientos como sujeto social frente a un sujeto universal e individual; el aprendizaje como orientador del desarrollo cognoscitivo frente a los procesos de desarrollo dirigiendo los aprendizajes, etcétera.

Cuando se trata de examinar las consecuencias de ambas posiciones para evaluar el alcance y significado de la práctica educativa, la contraposición ha parecido evidente a los intérpretes. En el caso de Vigotsky, al afirmar la fuerte distinción entre los problemas que afrontan los niños con sus propios recursos y los que enfrentan cuando deben internalizar los conceptos escolares, confiere una importancia crucial a la transmisión de los contenidos objetivos por parte de la escuela. Por el contrario, en el caso de Piaget y de los "piagetianos", la postura constructivista centrada exclusivamente en la producción cognitiva a través de las interacciones con el mundo de los objetos no puede sino rechazar la instrucción, dado que los niños podrían elaborar por sí mismos esos saberes con la sola ayuda de sus instrumentos lógicos. La escuela queda limitada, así, a la tarea de facilitar dicha construcción.

3) El resultado de semejante comparación coloca a los docentes y pedagogos ante la disyuntiva de optar entre dos teorías del desarrollo intelectual y del aprendizaje, así como ante dos maneras de concebir la práctica educativa.

Ahora bien, esta versión es insatisfactoria, básicamente porque contrapone diversas hipótesis dando por supuesto que ellas son respuestas a los mismos problemas y, sobre todo, que tales problemas pueden ser tratados separadamente de los proyectos que orientaron su formulación. La cuestión sobre la que hay que interrogarse es si es aceptable dar por sentado que Piaget y Vigotsky se plantearon los mismos problemas respecto del desarrollo cognitivo.

Es factible pensar que algunos de los problemas clásicos sobre el desarrollo cognoscitivo han adoptado una connotación que es propia a la perspectiva de conjunto sostenida por los autores. Por ello, es posible presentar las problemáticas que han guiado la investigación y han estado estrechamente vinculadas a la conformación de cada teoría como un todo.

Si puede mostrarse que las preguntas básicas sobre el desarrollo del conocimiento son diferentes en Piaget y en Vigotsky, entonces no resulta evidente que lo que uno de ellos interpreta sobre los problemas antes mencionados sea sencillamente comparable de modo puntual a lo que interpreta el otro. Es decir, que por lo menos sería necesario caracterizar con el mayor cuidado la naturaleza del enfoque más amplio asumido, el significado de los conceptos teóricos, o el tipo de elección metodológica. De esta forma, las tesis podrían haber adquirido un significado interpretable en el entramado del corpus de cada programa de indagación, y podrían no ser alternativas.

La naturaleza de las preguntas centrales

Se trata de establecer cuáles son los interrogantes básicos que Vigotsky formuló respecto de los procesos de conocimiento. Según mi interpretación, los textos de Vigotsky permiten inferir el proyecto que subyace a sus indagaciones: alcanzar una explicación sociohistórica de la constitución de las funciones psíquicas superiores a partir de las inferiores. En otros términos, el problema central es cómo el pensamiento o la memoria son transformados, de funciones primarias, "naturales", en funciones específicamente humanas. Podría arriesgarse que la cuestión fundamental de Vigotsky, desde su posición marxista, fue reconciliar la descripción darwiniana de la evolución humana con "la imagen del hombre como creador de su propio destino y de la nueva sociedad..." (Van der Veer y Valsineer, 1991:221).

El esfuerzo de Vigotsky fue mostrar que además de los mecanismos biológicos, apoyados en la evolución filogenética y que estaban en el origen de las funciones "naturales", hay un lugar crucial para la intervención de los sistemas de signos en la constitución de la subjetividad humana. La tesis es que los sistemas de signos producidos en la cultura en la que viven los niños no son meros "facilitadores" de la actividad psicológica, sino que son sus formadores.

En la perspectiva adoptada para problematizar el desarrollo psicológico y en particular el cognoscitivo, la transición desde una influencia social externa sobre el individuo a una influencia social interna se encuentra en el centro de la investigación (Vigotsky, 1979).

Pero tanto esta tesis del origen social y no natural del psiquismo superior –de lo interpsicológico a lo intrapsicológico– como la adopción de un análisis genético de la transición están articuladas y dependen conceptualmente de la presuposición de la existencia de los sistemas de signos. La afirmación de que la presencia de estímulos creados, junto a los estímulos dados, es la característica diferencial de la psicología humana (Vigotsky, 1979), implica que el estudio genético se ocupa de la adquisición de sistemas de mediación y que el control consciente de la propia actividad depende de la utilización de aquellas herramientas psicológicas.

Por lo tanto, su originalidad respecto de otros autores que han postulado la psicogénesis y el origen social de las funciones psíquicas reside en la integración de aquella elección metodológica y de esta tesis con la noción de mediación cultural. De esta manera adquieren una significación enteramente peculiar al orden problemático y a su articulación en el marco conceptual (Wertsch, 1994).

Desde esta perspectiva de conjunto, la indagación vigotskiana se propuso precisar cómo los individuos que pertenecen a una determinada cultura llegan a controlar el sistema de signos correspondiente y cómo éstos llegan a ser internalizados. Hacia el final de su obra, el estudio del desarrollo cognitivo se centró en su emergencia en el marco de la actividad institucionalizada: cómo las formas del discurso escolar proveen las condiciones de los cambios conceptuales en los escolares. Las indagaciones estaban dirigidas a la identificación de aquellas formas en contextos particulares y a la especificación del impacto de su dominio sobre el funcionamiento mental.

Por el lado de Piaget, sus interrogantes básicos sobre el desarrollo cognoscitivo son muy diferentes de los de Vigotsky, ya que están vinculados a la problemática epistemológica. Ante todo, la pregunta central sería: cómo se pasa de un estado de menor conocimiento a otro de mayor conocimiento. Es decir, si un sujeto en una situación determinada no puede resolver ciertos problemas, y después de un cierto tiempo lo logra, la cuestión es establecer los mecanismos responsables de tal cambio entre el "no poder hacer" (que desde el punto de vista del sujeto es otro "poder hacer") y el "poder hacer" (García y Ferreiro, 1974). Los estudios sobre las transformaciones de los conocimientos, es decir la psicogénesis, como investigación experimental, contribuyen a dar un sustento empírico a las hipótesis epistemológicas, las que también se apoyan en los análisis formalizantes y la reconstrucción de la historia de la ciencia.

En otras palabras, es el Piaget epistemólogo quien formula las preguntas, y la investigación psicológica es un instrumento para comprender el proceso de transición de los estados de conocimiento.

Ahora bien, el enfoque constructivista para interpretar el desarrollo de los conocimientos es un ensayo por superar el dualismo entre el sujeto y el objeto de conocimiento. El sujeto aparece construyendo su mundo de significados al transformar su relación con lo real, penetrando cada vez más hondamente en este último y en su propia manera de pensar. De esta forma, en ocasión de cada progreso que aproxima al sujeto al conocimiento del objeto, este último retrocede. Los modelos sucesivos del sujeto permanecen en el rango de aproximaciones que no pueden alcanzar este límite constituido por el objeto en sus propiedades aún desconocidas (Piaget, 1980).

Puede afirmarse que la empresa epistemológica y la tesis constructivista son el contexto en el que Piaget avanzó en la explicitación de los mecanismos y procesos psicológicos de los últimos años de su obra, tales como las abstracciones y generalizaciones, los conflictos cognitivos, la toma de conciencia o la creación de posibles. Estos mecanismos y procesos adquieren su significado si los situamos respecto de la posición asumida sobre la relación entre el sujeto y el objeto de conocimiento. Ellos han quedado asociados a la hipótesis nuclear del programa piagetiano: el mecanismo de equilibración entre la asimilación y acomodación que pretende dar cuenta del modo como interactúan el objeto y el sujeto.

El proyecto piagetiano respecto del desarrollo fue reconstruir las transiciones entre las formas "de poder hacer" con el mundo, aclarando que cada una se vincula a los problemas que los niños pueden resolver al interrogar la realidad –física o social– o al volver propios los que otros le han planteado. Y el proceso de transición expresa las reorganizaciones del "punto de vista" infantil, de su forma de significar a los objetos de conocimiento.

De nuevo, la problemática epistemológica y la posición básica otorgan su originalidad a las nociones piagetianas sobre el desarrollo respecto de otras teorías psicológicas, incluida la de Vigotsky. Ello sucede con el principio de la actividad del sujeto, que adquiere un sentido peculiar como transformación de significados en la interacción con los objetos; con mecanismos como la toma de conciencia, interpretada como representación conceptual de las acciones sobre los objetos; con la teoría de los "estadios", sólo comprensible en términos de estabilidad relativa de los sistemas de conocimiento como sistemas abiertos de interacción cognoscitiva (García, 1989); incluso, con la extensión del programa hacia la reconstrucción de las nociones sociales en los niños o de su apropiación del sistema de escritura (Ferreiro, 1986).

Una vez asentados los criterios que permiten distinguir los proyectos de Piaget y de Vigotsky, se puede analizar su pertinencia para tratar algunos temas acerca de los cuales la visión estándar ha mostrado la oposición de las interpretaciones: las relaciones entre aprendizaje y desarrollo, la formación de conceptos científicos y las consecuencias de las teorías para la educación.

Un reexamen de las cuestiones en litigio

a) Las relaciones entre aprendizaje y desarrollo

El propio Vigotsky (1979) ha opuesto nítidamente su perspectiva acerca de las relaciones entre el aprendizaje y el desarrollo a la sostenida por Piaget, al menos en su versión temprana. Según éste, los procesos de desarrollo son independientes del aprendizaje, en el sentido de que este último no influye sobre el curso del primero. Más aún, los procesos de desarrollo son condición previa para la realización de un aprendizaje, pero no son alterados por él.

Por el contrario, para Vigotsky ambos procesos están estrechamente interrelacionados, y ello porque la adquisición de cualquier habilidad infantil involucra la instrucción por parte de los adultos, sea antes o durante la práctica escolar. La propia noción de "aprendizaje" significa proceso de enseñanza-aprendizaje, justamente para incluir al que aprende, al que enseña y la relación social entre ellos, de modo coherente con la perspectiva sociohistórica (Kohl de Oliveira, 1993).

El aprendizaje consiste, así, en la internalización progresiva de los instrumentos mediadores y es una aplicación del principio antes señalado: todo proceso psicológico superior va de lo externo a lo interno, de las interacciones sociales a las acciones internas, psicológicas.

De los textos de Vigotsky se desprende claramente que su atención a los procesos de aprendizaje se debe a que ellos obligan al proceso de mediación y lo potencian, de forma que el desarrollo cultural del niño equivale a su adquisición de los sistemas sociales de mediación-representación (Álvarez y Del Río, 1990).

Más aún, para dar cuenta particularmente de los aprendizajes escolares y de su conexión con el desarrollo, Vigotsky produce la hipótesis de la "zona de desarrollo próximo", que pone de relieve el carácter orientador del aprendizaje respecto del desarrollo cognoscitivo. Es decir, la afirmación de la distancia entre "el nivel de desarrollo real del niño, tal y como puede ser determinado a partir de la resolución independiente de problemas, y el nivel potencial, determinado por la resolución de problemas bajo la guía de un adulto o en colaboración con un compañero más capaz" (Vigotsky, 1979:133). Se trata de un "espacio" dinámico, en el que lo que un niño no puede hacer solo sino con la ayuda de otro, en el futuro podrá hacerlo solo. De esta forma, el desarrollo del individuo y la ulterior consolidación de las funciones psicológicas están "precedidos" por el aprendizaje. En éste, la intervención de docentes u otros adultos contribuye a orientar el desarrollo hacia la apropiación de los instrumentos de mediación cultural.

Veamos ahora cuál ha sido el significado y alcance de las indagaciones de Piaget y de su escuela sobre el aprendizaje. Ante todo, cabe recordar que ya los primeros estudios tuvieron un propósito declaradamente epistemológico: establecer, por un lado, si la percepción era una lectura directa de la experiencia y, por el otro, si podía haber secuencias de aprendizaje únicamente en función de la experiencia (Gréco, 1959).

En una segunda instancia, los estudios sobre el aprendizaje de estructuras lógicas pretendieron determinar si los refuerzos empíricos modificaban los contenidos conceptuales o la forma inferencial. Y las conclusiones asumieron también un significado epistemológico: para utilizar los resultados de la experiencia se requiere asimilarlos a sistemas previos de conocimiento.

Finalmente, los estudios de Inhelder y su equipo (1975) se ocuparon no tanto de defender las tesis constructivistas como de precisar los mecanismos de la modificación estructural. La pregunta a la que se intentó responder fue: ¿es posible producir una modificación del nivel estructural del sujeto que apele al mecanismo espontáneo del funcionamiento intelectual?

Los resultados de las indagaciones parecen mostrar que los progresos se han debido a las tomas de conciencia de los conflictos y a una gradual coordinación de esquemas de conocimiento. Podría decirse que estos estudios han permitido asistir a cambios presididos por los mecanismos de equilibración, en las condiciones peculiares de intervención experimental.

Inhelder se preguntaba en qué sentido los sujetos habían aprendido durante las sesiones: "Aprender, y en particular aprender las organizaciones fundamentales del pensamiento, significa comprenderlas. Ahora bien, comprender no consiste simplemente en incorporar datos ya hechos o constituidos... sino en redescubrirlos y reinventarlos (a través) de la propia actividad del sujeto" (Inhelder, Sinclair y otros, 1975).

En la "situación de aprendizaje" se verificó dicha reconstrucción cognoscitiva, y ello se tradujo en una cierta modificación del desarrollo, en el sentido de una aceleración de la constitución de esquemas (esquemas que se hubieran formado de todos modos, independientemente de aquella situación). Para explicar semejante modificación se postularon los mecanismos de equilibración que regulan la formación espontánea de los conocimientos. Es decir, la teoría del aprendizaje establece una continuidad entre los mecanismos cognitivos responsables del desarrollo y del aprendizaje.

Ahora bien, queda por discutir si esta presentación de las perspectivas de conjunto de nuestros autores justifica la versión estándar de una oposición tajante en las tesis acerca de la relación entre aprendizaje y desarrollo. Aparentemente, tal oposición salta a la vista: por un lado, el desarrollo prolongándose en el aprendizaje; por el otro, el aprendizaje orientando al desarrollo; y por un lado, un mecanismo "interno" para el desarrollo y el aprendizaje, por el otro, un proceso de "internalización" de la cultura.

Sin embargo, si nos atenemos a las problemáticas que han orientado las indagaciones, las cosas se pueden ver de otra manera: la cuestión de Piaget no es "cómo se constituye la subjetividad en la internalización de la cultura"; la cuestión de Vigotsky no es "cómo cambia el punto de vista del sujeto en la constitución del objeto de conocimiento".

En el caso del aprendizaje y el desarrollo, las indagaciones se sitúan en planos diferentes y por ello las versiones también son diferentes. Cuando Vigotsky postula el carácter orientador del aprendizaje respecto del desarrollo está formulando la tesis crucial según la cual la adquisición de los instrumentos de mediación cultural, es decir la actividad educativa, es constitutiva del curso del desarrollo. Cuando Piaget postula la continuidad entre desarrollo y aprendizaje está pensando en los mecanismos que dirigen el cambio del "punto de vista del sujeto". Es decir, que sea cual fuere el modo en que le son presentados los problemas o los objetos a ser conocidos, se pone en marcha un proceso de reinvención o redescubrimiento debido a su actividad estructurante.

Al situar la relación entre aprendizaje y desarrollo en el contexto de la internalización de los sistemas de mediación, se comprende la afirmación de Vigotsky : "...el aprendizaje organizado se convierte en desarrollo mental y pone en marcha una serie de procesos evolutivos que no podrían darse nunca al margen del aprendizaje" (1979:139).

Por su parte, dados los problemas piagetianos, se entiende que los estudios experimentales del equipo de Inhelder sobre los aprendizajes estructurales hayan contribuido a esclarecer ciertos aspectos del mecanismo central de la equilibración (como los conflictos entre esquemas de acción) (Piaget, 1978). Y también se comprende que estos estudios sobre los aprendizajes no hayan constatado modificaciones en el curso del desarrollo de los sistemas categoriales, en el sentido de que la aceleración no involucró que los sujetos saltaran niveles ni dejaran de sortear los mismos obstáculos cognitivos que hubieran enfrentado sin la situación experimental; o que los aprendices se hubieran beneficiado más de las incitaciones del medio según la mayor estructuración de sus esquemas de asimilación (Inhelder, Sinclair y otros, 1975).

Por lo que hemos mostrado, tanto la independencia del desarrollo respecto del aprendizaje como su dependencia relativa, o una explicación epistémica del aprendizaje, a diferencia de una explicación histórico-social, adquieren sentido al interior de los programas de investigación.

Cualquier contraposición que evita la visión de conjunto hace perder el sentido a los problemas y a las soluciones. Como se ha mencionado, la continuidad piagetiana entre desarrollo y aprendizaje, y la orientación ejercida por el aprendizaje en Vigotsky corresponden a diferentes problemáticas.

También es discutible la versión estándar según la cual el desarrollo y el aprendizaje transcurren únicamente entre los sujetos y el medio físico o bien entre los sujetos y los sistemas de mediación en una relación social. En realidad, no se advierte que la cuestión epistemológica de Piaget es saber si en la relación cognoscitiva el objeto se impone al sujeto, el sujeto lo hace con el objeto o si ambos se construyen en la interacción. En otras palabras, el desarrollo cognoscitivo ha sido examinado en la perspectiva de la reconstrucción del punto de vista sobre el objeto de conocimiento y en la explicación de su formación.

Semejante enfoque no obliga a considerar como objetos de conocimiento sólo los objetos físicos ni que éstos únicamente puedan ser conocidos de modo solitario, al margen de la interacción social. Nos extenderemos más sobre las relaciones posibles entre los problemas cognoscitivos y la mediación social en las secciones siguientes.

b) La educación como un desafío para el programa piagetiano

Ante todo, cabe señalar que para la versión estándar, ayudada sin duda por muchos "piagetianos" que han intentado aplicar la teoría al campo pedagógico, la contraposición no podría ser más nítida. Por el lado piagetiano: una perspectiva pedagógica centrada en la promoción de la construcción individual de los sistemas de pensamiento, considerados como condición necesaria y suficiente de las adquisiciones escolares; la creencia de que los alumnos logran adquirir las nociones "científicas" no explicitadas en los materiales de aprendizaje, por su actividad de exploración y de investigación, apoyados en sus instrumentos lógicos; el énfasis excluyente en los procesos constructivos espontáneos de los niños, lo que equivale a una reducción del aprendizaje al desarrollo y a una consideración subalterna de los procesos de enseñanza.

Por el lado de Vigotsky: el proceso de aprendizaje-enseñanza adelantándose al desarrollo; la actividad educativa como constitutiva del propio desarrollo y centrada en la internalización de instrumentos culturales; la interacción social en la zona del desarrollo próximo permitiendo avanzar a los niños hacia los sistemas conceptuales, los que no podrían internalizar por su propia cuenta; la propuesta de un docente guía de los alumnos en dirección al saber a enseñar.

Nuestro propósito es atenuar la contraposición, abriendo otra versión piagetiana ante los desafíos de la práctica educativa, y mostrando que la perspectiva vigotskiana no es incompatible con ella, así como, recíprocamente, señalar el "impacto" de los problemas piagetianos en el corpus vigotskyano.

En este momento quisiera poner de relieve la insuficiencia de la "pedagogía constructivista" tal como ha sido reseñada. La teoría del aprendizaje ha sido elaborada fuera de la sala de clase y estuvo dirigida a indagar la modificación de estructuras cognitivas, apelando a los mismos mecanismos que explicaban su constitución "natural". La trasposición de esta teoría al campo educativo dio como resultado una interpretación que convirtió a la construcción de los sistemas lógicos en el objetivo de la práctica educativa, y a la actividad docente en creadora de situaciones que suscitaran la problematización de los alumnos (Coll, 1990).

Ahora bien, no puede considerarse a la práctica educativa como una "ilustración" de la teoría más general del aprendizaje. Básicamente, porque uno de los objetivos centrales de aquella práctica es "la transmisión de los saberes históricamente constituidos", desde la escritura hasta las matemáticas y los conceptos sobre la naturaleza y la sociedad. Y dichos saberes, o una buena parte de ellos, no podrían ser adquiridos por los alumnos sin una intervención docente de otra calidad que la requerida para la promoción del pensamiento lógico.

En las condiciones de la práctica educativa no hay duda de la pre-existencia de sistemas conceptuales, valores y procedimientos creados socialmente respecto de los niños y también de los docentes. Y por ello se requiere de una interacción de los alumnos con el "saber a enseñar", que adquiere un carácter orientador respecto del conocimiento infantil. Dicho saber se convierte en uno de los objetos a ser reconstruidos por los alumnos y por esto influye sobre el aprendizaje.

Sin embargo, este reconocimiento no implica asumir una postura epistemológica de la "copia" en la teoría del aprendizaje. Por el contrario, significa –desde el punto de vista piagetiano– posibilitar los conflictos cognitivos durante el trabajo de los alumnos con el material escolar, y aun suministrar información con el propósito de suscitar la reorganización de las ideas previas de los niños, en la dirección del saber a enseñar.

Puede abandonarse la tesis de que la práctica educativa debe dirigirse a promover la formación de estructuras cognitivas, como condición necesaria y suficiente para la adquisición de los saberes escolares. El énfasis debe ser puesto en los procesos formadores de las hipótesis y los sistemas conceptuales vinculados al "saber a enseñar", sin por ello renunciar al pensamiento lógico como una condición necesaria para aquella adquisición. Es perfectamente defendible que el aprendizaje escolar pueda ser concebido como un proceso de reconstrucción, teniendo en cuenta el desarrollo intelectual.

Un examen conceptual del programa piagetiano no revela incoherencia entre su núcleo teórico y la postulación de la apropiación del "saber a enseñar". La formulación de hipótesis (sobre la escritura, los problemas matemáticos o las instituciones sociales), sus conflictos con los observables u otras hipótesis del sujeto, su toma de conciencia, así como el empleo de abstracciones y generalizaciones, son mecanismos aptos para interpretar los aprendizajes en los dominios de conocimientos escolares. Más aún, los efectos de la enseñanza dependen de las interacciones del sujeto con las situaciones empíricas (del mundo social y natural) y las que sostiene con el saber que se pretende enseñar (Castorina, 1994).

En cualquier caso, se postula la continuidad del aprendizaje con el desarrollo, no en el sentido de una identificación del aprendizaje individual y casi espontáneo con el desarrollo. Más bien, en el sentido epistemológico de una prolongación de los mecanismos de apropiación de los objetos de conocimiento, en el contexto de las interacciones de la práctica educativa.

Lo que estamos proponiendo es una extensión auténtica del programa hacia un campo de problemas diferentes de los que originalmente dieron lugar a las indagaciones psicogenéticas. Y aquí puede pensarse que la tesis vigotskiana de la "zona de desarrollo próximo" es para un piagetiano un desafío bien interesante, porque es una metáfora iluminadora –más allá de sus dificultades metodológicas

(Paris y Cross, 1988)– acerca de la adquisición de conocimientos "socialmente objetivados" con la imprescindible ayuda de otros.

En este sentido, y como ya ha sido mencionado, la admisión de la "zona de desarrollo próximo" implica aceptar un control del desarrollo por el aprendizaje, en cuanto a la tracción que ejercen los saberes escolares sobre la adquisición. Sin embargo, esto no significa que los mecanismos de conocimiento sean controlables: hay que asumir que ellos funcionan contextualmente en las condiciones de la enseñanza y de la interacción con los docentes, pero su intimidad permanece fuera de la conciencia del propio aprendiz. Para un piagetiano, sería indispensable admitir la existencia de dicho mecanismo para enfrentar los desafíos que supone la zona propuesta por Vigotsky.

En nuestra opinión, admitiendo la raigambre diferente de las preguntas y las perspectivas, no hay incompatibilidad entre el constructivismo y la adquisición de conocimientos en la zona de desarrollo próximo. Pero es necesaria la realización de indagaciones que muestren efectivamente el despliegue de los mecanismos universales de apropiación en el interior de aquella interacción con los saberes escolares y un avance en la reconstrucción psicogenética de las ideas previas que corresponden a los contenidos curriculares en diferentes dominios.

En apoyo de lo sostenido hasta aquí vale la pena recordar estudios de orientación piagetiana que ponen de relieve adquisiciones –fuera de la escuela, en el desarrollo psicogenético– como el lenguaje y las ideas sobre las instituciones sociales que los niños no podrían adquirir solos. Es decir, cada vez que los niños se enfrentan con objetos simbólicos que reclaman "interpretantes", se trate del sistema vocálico en la adquisición inicial del lenguaje (Sinclair y otros, 1985) o del sistema de representación escrita (Ferreiro, 1986) o aun de las órdenes o gestos de una autoridad escolar (Castorina y Gil Anton, 1995), el conocimiento de estos objetos puede llevarse a cabo únicamente durante una compleja interacción social. Sin embargo, en ninguno de los casos mencionados se abandona el enfoque constructivista para dar cuenta del cambio en el punto de vista de los sujetos sobre el objeto de conocimiento.

A este respecto se ha sostenido (Ribeiro, 1993) que cuando los estudios de E. Ferreiro sobre la psicogénesis de la representación de la lengua escrita centran el análisis en la experiencia del niño con dicho objeto, "están dejando la mediación de los adultos, como modelos o información que ellos proporcionan, secundarizados o restringida a aspectos no esenciales del proceso". De esta forma, se considera que el no tratamiento explícito de los procesos de internalización de la escritura como instrumento constituye una limitación seria de la indagación psicogenética, centrada en una explicación "interna". Sin embargo, la perspectiva epistemológica adoptada por E. Ferreiro debe ser evaluada en relación con los problemas que se plantearon y las hipótesis empíricas producidas, pero no respecto de las cuestiones que no se plantearon. (Para la crítica de una crítica como la mencionada, véase el trabajo de E. Ferreiro en este libro.)

Por otra parte, no hay dudas de las diferencias en el enfoque de algunos problemas que sí son comunes, como la caracterización de algunos aspectos de la escritura (véase E. Ferreiro, en este libro); también Piaget discreparía del enfoque del mecanismo psicológico del desarrollo "natural" que propone Vigotsky y este último lo haría respecto de la universalidad que Piaget atribuye a los sistemas lógicos, o a su tesis del origen y sentido del lenguaje egocéntrico; incluso hay diferencias en ciertos aspectos metodológicos de las indagaciones. Pero, en cualquier caso, la resolución de las diferencias por la vía de la verificación empírica o el análisis conceptual ni siquiera puede plantearse si primero no se aclaran suficientemente las preguntas básicas de cada programa.

c) El impacto del constructivismo en el programa vigotskyano

Para Vigotsky la internalización de la interacción interpsicológica es el principal mecanismo que explica el desarrollo psicológico humano y fue originalmente examinada en el contexto de la emergencia de las funciones psicológicas guiadas por las sugestiones de otros. Primeramente, los estudios experimentales sobre técnicas de memorización (Van der Veer y Valsiner, 1991) y luego las tesis más conocidas referidas a la transformación del lenguaje externo en lenguaje interno (Vigotsky, 1979).

Ahora bien, muchos lectores de Vigotsky, entre ellos algunos educadores, han interpretado la internalización en los términos de una transferencia de la acción externa a un plano interno. Una versión que recuerda las tesis conductistas de "la copia interna" de los modelos de acción externa, y en la que los niños son recipientes pasivos de la socialización.

Por el contrario, los textos de Vigotsky (1977) y de sus discípulos parecen mostrar que no se trata de una transmisión sino de una transformación. Es decir, de una modificación de la comprensión individual de los instrumentos de mediación cultural, como el lenguaje, y por lo tanto "no es una transferencia de una actividad externa a un preexistente 'plano de conciencia' interno: es el proceso en el que este plano interno se forma" (Leontiev, 1981).

Se ha sostenido que la internalización involucra para Vigotsky una serie de transformaciones: por un lado, toda actividad externa debe ser modificada para volverse una actividad interna –"la internalización transforma el proceso mismo y cambia su estructura y funciones" (Vigotsky, 1979)–; por el otro, es una actividad interpersonal que se convierte en intrapersonal, como se ha visto; finalmente, este último proceso resulta de un largo desarrollo (Tolchinsky Landsman, 1987).

Podría considerarse que la internalización entendida como transformación es una piedra angular del pensamiento de Vigotsky y de psicólogos como Janet, Baldwin y aun Freud (Lawrence y Valsiner, 1993). El movimiento de lo externo a lo interno incluye una reorganización individual en oposición a una transmisión automática de los instrumentos suministrados por la cultura.

En este momento se impone una aclaración acerca del sentido de la "actividad" que ocupa un lugar destacado en la obra de Piaget y en la de Vigotsky. Puede considerarse que, para este último, la actividad se refiere al dominio de los instrumentos de mediación, incluso a su transformación por una actividad mental. Y si bien no formuló una psicología de la actividad como Leontiev (Wertsch, 1992), las relaciones intersubjetivas respecto de la mediación simbólica involucran una actividad individual para permitir que ocurra internamente lo que previamente sucedía como actividad externa. Por su parte, Piaget definió el conocimiento como una actividad estructurante sobre los objetos, a los que transforma por los significados que les atribuye.

En un caso, la actividad es un carácter de la internalización de los instrumentos de conocimiento y en el otro ella misma constituye al conocimiento, porque los significados –sean prácticos o conceptuales– resultan de la asimilación de los objetos a los sistemas de acción. Una vez más, el término se debe caracterizar al interior de cada programa.

La noción de internalización nos coloca en un plano interesante para examinar las dificultades que enfrenta la teoría vigotskiana desde el punto de vista epistemológico, así como su cercanía con el programa piagetiano.

Cabe mencionar los intentos de los autores situados en la tradición vigotskiana para enfatizar y sofisticar el análisis de la internalización como "apropiación" de la materia prima cultural (Rogoff, 1990), o como "transformación" (Lawrence y Valsiner, 1993), o aun como "dominio" de los instrumentos que forman la "acción mediatizada" (Wertsch, 1992).

En este último caso, J. Wertsch señala una tensión irreductible en el "constructo" vigotskyano entre sus componentes esenciales: los instrumentos mediacionales y la operación que realiza con ellos el individuo, distinguibles analíticamente, pero inextricablemente vinculados. "Por un lado, los instrumentos culturales no pueden desempeñar un rol en la acción humana si no son apropiados por individuos concretos que actúan en contextos únicos. Por otro lado, no podemos actuar como seres humanos sin invocar los instrumentos culturales" (Wertsch, 1992:190).

Ahora bien, no se trata de evaluar el grado de cercanía de las tesis de Vigotsky a la teoría piagetiana ni de cuestionar la generalidad o aun las limitaciones de la caracterización del proceso de "internalización", porque sería reclamar una precisión en la reconstrucción cognoscitiva que no llegó a ser tratada por Vigotsky. Pero sí es pertinente relevar, como en párrafos anteriores lo hicimos con la problemática educativa para los piagetianos, que los textos disponibles y los comentarios son suficientes para interpretar que la noción de "internalización" plantea exigencias de explicación respecto del mecanismo cognoscitivo que hace posible la "apropiación" de los instrumentos de mediación. Por otra parte, los esfuerzos de Vigotsky y de sus discípulos por rechazar su transmisión pasiva convierten a la perspectiva en compatible con el constructivismo epistemológico.

Nos permitimos volver sobre nuestro criterio de comparación, en este caso a propósito de la orientación de las líneas del desarrollo cognoscitivo: *outside in* en Vigotsky e *inside out* en Piaget.

Se puede admitir que para ambos autores las relaciones interpersonales como las intrapersonales son relevantes. Ya hemos mencionado el enfoque de la "doble formación" en Vigotsky, y podemos recordar aquí que para Piaget las coordinaciones de las acciones son simultáneamente individuales e interindividuales (Piaget, 1965) y, más aún, que todo proceso cognoscitivo implica intercambios entre los niños y otras personas, tanto como entre aquéllos y los objetos físicos (Youniss y Damon, 1992).

Sin embargo, se ha puesto de relieve con razón que en Piaget los sistemas lógicos o las formas superiores del pensamiento derivan de abstracciones reflexionantes sobre los aspectos más formales de los esquemas de acción. En general, los mecanismos de equilibración de los que forma parte cualquier proceso de reflexión orientan la constitución de la lógica natural "de adentro para afuera".

Por el contrario, como hemos de ver mejor con respecto a la adquisición de los conceptos científicos, para Vigotsky la orientación del desarrollo cognitivo es producida por el proceso de "internalización" de la interacción social con los materiales suministrados por la cultura. De esta forma, a partir de los significados que otros otorgan a sus actos y según códigos sociales establecidos, los individuos llegan a interpretar sus propias acciones: el proceso va "de afuera para adentro".

De nuevo, no se trata de una oposición que obligue a una elección, porque las preguntas que han posibilitado el modo de concebir la trayectoria del desarrollo de las formas superiores del pensamiento son diferentes. Piaget pretendió responder a la cuestión epistemológica: "qué es lo que la lógica formaliza", es decir, si los sistemas de inferencia provienen de los datos de la experiencia o de estructuras ya constituidas en el sujeto, de interpretaciones trascendentales, o de las acciones del sujeto. Y la solución, no importa ahora si plausible o no, propone un proceso de abstracción de las propiedades que las acciones introducen en los objetos, modificándolos (Piaget, 1967).

Por su parte, la pregunta de Vigotsky no era si la lógica formalizaba las acciones, derivaba de la intuición de esencias, o generalizaba los datos de experiencia, sino, más bien, si el pensamiento podía acceder a los objetos de modo directo o si era necesaria la mediación de sistemas simbólicos. Y, como hemos insistido ya varias veces, la tesis defendida por Vigotsky es que la cultura suministra a los individuos los sistemas simbólicos de representación y sus significaciones, que se convierten en organizadores del pensamiento, es decir, en instrumentos aptos para representar la realidad.

Sin embargo, como el individuo, por un complejo proceso, internaliza dichas formas simbólicas, hay otra pregunta posible: cuáles son las vicisitudes del "punto de vista del sujeto" sobre tales instrumentos, enfocados ahora como objetos de conocimiento.

Por último, podría discutirse la plausibilidad de estas preguntas a propósito de la internalización de argumentos, explicaciones y otros recursos culturales posibilitantes de la adquisición de normas sociales. Como ha sido señalado (Haste, 1990), los niños adoptan las reglas que establecen las prescripciones de la autoridad escolar junto con sus justificaciones y su legitimación, tal como están propuestas en el mundo sociohistórico. Se diría, vigotskyanamente hablando, que, por medio de la interacción con los maestros y directores, y el contacto con los códigos, metáforas y ritos escolares, van aprendiendo tanto las reglas de la autoridad como sus justificaciones.

Las indagaciones psicogenéticas (Castorina y Lenzi, 1991, 1994) han mostrado significativas modificaciones en las interpretaciones infantiles de la autoridad escolar, sus límites, jerarquía de mando y legitimación. Más aún, los niños construyen "teorías" a lo largo de su interacción con el objeto social en cuestión, de modo tal que se pueden por lo menos identificar dos versiones bien diferentes. Así, los niños más pequeños piensan en un dominio de relaciones de autoridad personalizadas y dan explicaciones del mando y de la legitimación de la autoridad apelando –entre otras razones– al "dueño" de la escuela que habría delegado el mando en la directora. Por su parte, los niños más avanzados piensan en un dominio de relaciones institucionales preexistentes a las personas, y al explicar por qué mandan las autoridades y por qué son legítimas apelan a un sistema de cargos preestablecidos y a un esbozo de normativa objetivada.

Estas indagaciones sugieren un comentario respecto de la problemática de la internalización y el constructivismo. Los actos de las autoridades, los ritos o las prescripciones tienen un componente simbólico, ya que representan significaciones socialmente instituidas y compartidas por los protagonistas. Justamente, el que las significaciones sociales se expresen por medio de símbolos plantea la cuestión de la naturaleza de la interacción cognitiva que hace posible su reconstrucción por los niños.

A grandes trazos, puede afirmarse que la conceptualización infantil de tales significaciones –como sistemas de cargos, funciones y normativización– se realiza en la interacción simbólica. Y desde el punto de vista epistemológico aparece una tensión constitutiva de dicha interacción: entre la actividad de los sujetos que producen sus ideas originales (como la del "dueño") y el hecho de que el sistema normativo de la escuela coacciona a los sujetos como "blanco" de sus determinaciones.

En este contexto, la aportación de los recursos culturales mencionados para esa comprensión infantil, y aun su eventual instrucción por parte de los directivos, no sustituye ni elimina la actividad constructiva. Por el contrario, renueva la vigencia de la pregunta: ¿cómo es que los niños pasan de un nivel de conceptualización a otro más avanzado en su interacción con un objeto social? En otras palabras, obliga a caracterizar la especificidad de la interacción a través de la cual los niños van "dibujando" a la autoridad como objeto de conocimiento (Castorina y Gil Antón, 1995).

En mi opinión, se podría admitir que una buena parte de las justificaciones para la aceptación de las reglas de la autoridad escolar son "internalizadas" en el sentido propuesto por Vigotsky, pero se debería admitir también aquella actividad significativa con el objeto. De otro modo, la hipótesis infantil del "dueño", que organiza el pensamiento de los niños menos avanzados, no se podría explicar, ya que los adultos con los que interactúa no le ofrecen ninguna interpretación identificable con dicha hipótesis.

En la respuesta esbozada al problema (Castorina y Gil Antón, 1995) la interacción específica en un conocimiento social implica constricciones a la actividad del sujeto, pero ante ellas el sujeto – si atendemos a su asimilación significativa– va más allá de los moldes sociales en una actividad constructiva que da cuenta de sus argumentos.

La formación de los conceptos científicos

La cuestión de las relaciones entre los conceptos espontáneos y los conceptos científicos fue motivo de una polémica a través del tiempo entre Piaget y Vigotsky, ya que Vigotsky formuló sus críticas respecto de las primeras obras de Piaget (Vigotsky, 1977), y éste le respondió treinta años después (Piaget, 1977). En lo que sigue no voy a dar cuenta de dicha polémica, sino más bien intentaré hacer una interpretación de conjunto de las posiciones desde el criterio comparativo que hemos utilizado.

En términos generales puede considerarse que Vigotsky defendió una tesis de discontinuidad entre ambos tipos de conceptos, mientras Piaget sostuvo una tesis de continuidad. Pero de lo que se trata es de explicitar el sentido de dicha diferencia y de aclarar desde qué perspectiva fueron planteadas las cuestiones sobre el desarrollo conceptual.

El pensamiento de Vigotsky acerca de la formación de conceptos es una concretización de su hipótesis básica: las formas culturales se internalizan a lo largo del desarrollo de los individuos y se constituyen en el material simbólico que media en su relación con los objetos de conocimiento.

Su problema central respecto de la formación de los conceptos es, por lo tanto, la de los "medios" que lo hacen posible. Y en su perspectiva, la interacción de los individuos con los objetos del mundo está orientada por las palabras que representan categorías culturales y que se convierten en instrumentos para formar los conceptos. De esta forma, la palabra funciona primero en su papel de medio y luego en el de símbolo del concepto (Vigotsky, 1977).

Vale la pena destacar que la formación de conceptos cotidianos, desde los conjuntos "sincréticos" hasta los "pseudoconceptos", es tratada por Vigotsky situándose en buena medida en la psicología individual. Así, intervienen procesos intrapsicológicos como las asociaciones de propiedades y las abstracciones a partir de los objetos. Pero, de cualquier manera, dichos procesos serían insuficientes para formar los conceptos si no interviniera al mismo tiempo el uso de la palabra (Vigotsky, 1977).

Por otra parte, en el examen de la formación de los conceptos científicos Vigotsky se coloca en la perspectiva de su emergencia en el contexto de la actividad escolar, ocupándose de indagar cómo ésta brinda un marco discursivo (el sistema científico) para dicho desarrollo (Wertsch, 1992). Vigotsky, en este caso, focaliza su análisis en los términos de la relación de enseñanza-aprendizaje como formadora de los procesos intrapsicológicos.

Si bien en la constitución de los conceptos cotidianos los adultos portadores de los significados sociales desempeñan un rol, en el caso de la formación de los conceptos científicos los docentes los introducen explícitamente en la escuela. Tales conceptos se superponen o son identificados con los enseñados en la escuela y son presentados como un sistema interrelacionado de ideas.

Se pueden reseñar algunos rasgos específicos de su formación: básicamente, aquella presentación sistemática obliga a una actitud metacognitiva de los alumnos, es decir, un dominio y control consciente del sistema conceptual, así como un uso deliberado de sus propias operaciones mentales; además, sólo los procesos de enseñanza-aprendizaje permiten a los aprendices el acceso a los conocimientos establecidos de las ciencias; también, a diferencia de los conceptos cotidianos, el pensamiento sobre las ideas científicas no se refiere directamente a los objetos, sino al conocimiento cotidiano, sobre el que hace "una generalización de generalizaciones"; por último, cabe señalar que dicha reconstrucción de los conceptos cotidianos a disposición involucra una interacción entre la formación de conceptos científicos y los cotidianos (Vigotsky, 1977; Van der Veer y Valsiner, 1991).

También en el programa de Piaget figuraba como central la indagación de la constitución de los conceptos científicos (Piaget, 1967), pero desde otras preguntas que son las cuestiones típicas de la epistemología genética: de qué manera la psicogénesis de las categorías que están en la base de las ciencias suministra material empírico para las hipótesis epistemológicas.

De esta forma, la génesis de los conceptos de causalidad, de las conservaciones físicas y lógico-matemáticas, de las nociones espaciales, en articulación con los análisis histórico-críticos de las ciencias, permite la búsqueda de mecanismos comunes de construcción (Piaget y García, 1981). Aquí cabe señalar que el término "concepto" se refiere a las grandes categorías que posibilitan la estructuración cognoscitiva y que no son identificables con los sistemas conceptuales específicos de un dominio de conocimiento, y mucho menos con su forma escolar.

Es comprensible que estos estudios hayan sido indiferentes a las prácticas educativas y que hayan intentado explicar la constitución de las formas de pensamiento que organizan cualquier conocimiento. Es decir, la estructura propiamente lógica de los conceptos, la adquisición de las formas generales de pensamiento operatorio como organizadoras del conocimiento.

Desde esta perspectiva, la cuestión original no ha sido el modo de apropiación de los conceptos escolares, sin embargo, la constitución de un pensamiento cada vez más objetivo y con formas de inferencia más rigurosas también participa en la organización del conocimiento escolar.

Arriesgando alguna comparación, desde el criterio asumido por nosotros, podríamos decir lo siguiente. Para Piaget las estructuras de pensamiento en desarrollo son constitutivas de la adquisición de sistemas conceptuales, incluyendo aquellos considerados por Vigotsky; por el contrario, para este último, el aprendizaje escolar de los sistemas conceptuales precede a la adquisición de la estructura lógica que les podría corresponder. Mientras Piaget focalizó su interés en la génesis de la lógica de los conceptos, de su sistematicidad operatoria, y en su explicación cognoscitiva, Vigotsky lo hizo sobre el contexto de su adquisición escolar.

Como ha sido mencionado (Panofsky, John-Steiner y Blackwel,

1994), la perspectiva vigotskyana es iluminadora sobre el marco cultural en que los niños adquieren los conceptos, particularmente la transmisión sistemática de los conceptos científicos en la escuela. Por su parte, en la versión piagetiana la elaboración de las estructuras de la lógica de clases, por ejemplo, deriva de los procesos de abstracción reflexionante. Mientras en Vigotsky hay una discontinuidad entre los conceptos cotidianos y los científicos por la diferencia respecto de su origen, de su consistencia o inconsistencia (admitiendo la interacción entre ellos), en Piaget hay una continuidad, en el sentido de que los mismos mecanismos parecen presidir su constitución y porque las adquisiciones lógicas son una condición organizadora para la formación de cualquier sistema de conceptos.

Ahora bien, habiendo asentado el tipo de preguntas y las tesis más amplias de los autores que justifican los distintos desarrollos teóricos, se pueden retomar algunos interrogantes. En particular, la naturaleza de la posición piagetiana respecto de la adquisición de los conceptos escolares.

En primer lugar, hay que recordar que para Piaget la indagación de la construcción de las "categorías" mencionadas con un propósito declaradamente epistemológico no tenía por qué hacerse respecto de la instrucción escolar. Por otra parte, su desconfianza en esta última residía en que la transmisión de conceptos podría tener como resultado el evitar la propia construcción infantil, y tenía que ver con la situación histórica de la escuela, en la que la instrucción desconocía los mecanismos de elaboración (Piaget, 1977).

Sin embargo, y como ya ha sido mencionado, las extensiones del programa piagetiano ponen de relieve la construcción de teorías infantiles sobre diferentes objetos de conocimiento, como sería el caso de la escritura o las instituciones sociales o los fenómenos naturales. Se trata de sistemas de conceptos referidos a dominios específicos de conocimiento y no deben ser confundidos con los instrumentos lógicos (las "categorías") comunes.

Por supuesto, tales teorías o sistemas de hipótesis plantean los "grandes problemas cognitivos", como diría E. Ferreiro (1986), referidos a su organización lógica y a los mecanismos de su construcción, "pero sin restarle especificidad a la construcción del sistema de escritura en tanto objeto conceptual".

En mi opinión, son tales sistemas conceptuales previos de los alumnos los que deben reorganizarse en dirección a los conceptos constitutivos del "saber a enseñar". Y dicha reorganización plantea "los grandes problemas cognitivos" al interior del proceso de enseñanza-aprendizaje. Pero no hay ninguna incoherencia en el programa piagetiano para indagar decididamente dichas cuestiones durante las interacciones propias de la práctica educativa.

Por el lado de las ideas vigotskianas sobre la adquisición conceptual, me permito comentar rápidamente lo siguiente. Por un lado, señalar un cierto optimismo (que las experiencias educativas no han confirmado) en cuanto a la creencia en el éxito más o menos rápido en la reorganización de los conceptos cotidianos en la enseñanza escolar (Pozo, 1989). Por otro lado, es preciso distinguir entre los procesos psicológicos de "abstracción" que están, quizás, en el origen de las propiedades que constituyen los conceptos cotidianos, de las "abstracciones" que no podrían hacerse directamente sobre los objetos y que dan lugar a la "lógica" de los conceptos, a su estructura.

Tanto la naturaleza de las abstracciones, en el caso de los conceptos cotidianos, como el tan interesante proceso de "generalización de generalizaciones" para los conceptos científicos, y otros procesos de naturaleza cognitiva, plantean cuestiones propiamente específicas de los procesos y mecanismos cognoscitivos que deben ser indagados. Otro tanto ocurre con los actos de instrucción, para establecer cuál de ellos podría favorecer la reorganización conceptual.

Las perspectivas de un diálogo

Los argumentos presentados en este trabajo han tendido a mostrar algunas de las diferencias en el modo de formular los problemas y en las perspectivas teóricas respecto del desarrollo cognoscitivo y de algunas consecuencias pedagógicas. Ahora se imponen, a manera de síntesis, algunos comentarios finales ·sobre la naturaleza de la comparación y sobre el futuro del diálogo.

Para ello conviene recordar que los análisis han sido provisorios e incompletos, entre otras razones, porque hay un evidente desnivel entre las ideas que se han vinculado. Es decir, Piaget dejó en sus escritos hipótesis suficientemente articuladas y una cuidadosa información sobre los procesos experimentales. Podría decirse que su obra conforma un programa de investigación largamente desplegado, o una teoría sistemáticamente formulada.

Por el contrario, en el caso de Vigotsky, no podría hablarse de un sistema estructurado en forma de una "teoría" en sentido estricto. Su muerte temprana le impidió culminar su tarea de investigación y las condiciones sociales de su producción hicieron de él más bien un productor de narrativas orales, lo que aumentó la fragmentación de sus ideas y su falta de cohesión. Incluso, al pasar al lenguaje escrito, los brillantes resplandores de sus ideas orales quedaron insuficientemente definidos (Van der Veer y Valsiner, 1991).

Estas características contrastantes dificultaron la comparación precisa de las hipótesis y definiciones dentro de la totalidad de las articulaciones conceptuales, tal como fue nuestro propósito. Todavía se requiere una lectura más comprensiva y desafiante de la obra piagetiana y un esfuerzo de reconstrucción histórica de la obra de Vigotsky, para avanzar en la aplicación de nuestro criterio.

A pesar de todo, debemos arriesgar alguna tesis acerca de las relaciones cognoscitivas que pueden establecerse entre ambos programas de investigación.

En principio, puede cuestionarse la relación de "completamiento" entre las teorías, en el sentido de que los déficit o lagunas explicativas de una de ellas se salvan o se cubren por las explicaciones de la otra. Así, se ha considerado que las dificultades que presenta la teoría de Vigotsky respecto del desarrollo natural –al que prácticamente reduce a los factores madurativos– se resolverían apelando a la teoría piagetiana del desarrollo sensoriomotor. Y aunque una explicación por interacción con los objetos no puede reducirse a la maduración y quizá tenga cabida en una versión vigotskiana revisada, no puede decirse que la "completa". Desde la perspectiva de

Vigotsky y desde sus problemas, de lo que se trata es de extender sus principios explicativos de la "internalización" hacia los comienzos del desarrollo psicológico, y establecer si ello es compatible o no con la construcción cognitiva.

También se ha dicho que el desarrollo universal de los esquemas de conocimiento en Piaget o la teoría de su equilibración dejan afuera o no pueden asumir las condiciones sociales de dicha producción. Por lo tanto, la explicación vigotskiana de la internalización cultural, vendría a completar la teoría piagetiana o a llenar sus lagunas concernientes a la intervención de los factores sociales en la formación de los conocimientos.

La cuestión parece ser otra: si la equilibración es una explicación del modo en que se construyen el sujeto y el objeto de conocimiento, y si la formación de los conocimientos se puede interpretar como "internalización" de los instrumentos culturales, se trata de articular los niveles de explicación, y no de "completarlos" entre sí. En otras palabras, el modo en que la sociedad expone a los individuos a los objetos de conocimiento, la forma en que los instrumentos culturales orientan la actividad cognoscitiva, no se pueden simplemente adicionar a los mecanismos epistemológicos mencionados. Más bien, hay que abrir indagaciones para determinar cómo dichas condiciones especifican el funcionamiento del proceso cognoscitivo, o cómo este último se cumple en aquéllas.

Por otra parte, tal como hemos presentado las problemáticas, no podría considerarse que la teoría piagetiana guarde una relación de implicación con la teoría vigotskiana. Esto es, que la aceptación de las hipótesis del programa piagetiano (por ejemplo, las que explican el proceso de desarrollo) obligue a aceptar las hipótesis vigotskianas sobre dicho proceso. Otro tanto podría decirse de la supuesta implicación de la teoría vigotskiana respecto de la piagetiana.

Pero tampoco sería admisible una relación de inconsistencia entre los programas, al menos en el sentido de que la admisión de una de las teorías, o de la perspectiva de conjunto que se ha delineado, implique la negación de una parte significativa de la otra.

El análisis comparativo propuesto nos lleva a defender una relación de compatibilidad entre las teorías, en el sentido de que ninguna de ellas implica la aceptación o el rechazo de la otra. Entiéndase bien, una compatibilidad desde el punto de vista de la naturaleza de los problemas y enfoques más amplios que hemos descrito. Sin embargo, dada la laxitud y complejidad de las líneas de pensamiento, hay sectores identificables ya mencionados que pueden ser incompatibles respecto de problemas comunes.

La relación de compatibilidad abre en principio un espacio de intercambio entre las teorías, por el momento en los términos que hemos utilizado, es decir, de evaluación del impacto de los problemas que plantea una teoría en el interior de la otra. Es posible que problemas diferentes de los originales en cada enfoque deban ser reconsiderados y planteen desafíos para ampliar y extender cada programa: es el caso de las cuestiones de la apropiación del saber a enseñar en un contexto de interacción social para la teoría piagetiana, así como las cuestiones referidas a los mecanismos de conocimiento para la teoría vigotskiana centrada en la "internalización" de los instrumentos culturales.

Se puede añadir que la compatibilidad postulada entre los programas y el emprendimiento de indagaciones compartidas se encuentra favorecida por la existencia de un espíritu dialéctico común. Admitiendo una diversidad en las problemáticas y en los conceptos nucleares se puede advertir una posición "metodológica" dialéctica en Piaget y en Vigotsky (Bidell, 1988). No en el sentido de un método particular de indagación psicológica, ni de una teoría dialéctica específica, sino de una perspectiva para examinar la complejidad del desarrollo cognoscitivo para construir su teoría.

Así, puede mencionarse una actitud francamente opuesta a los estudios que separan las totalidades en partes, y las tratan aisladamente, propia de la tradición cartesiana, y una defensa de las interrelaciones en el desarrollo, de la unidad en la diversidad de sus factores y del automovimiento de los sistemas.

En el caso de Piaget, su decidido rechazo al dualismo entre sujeto y objeto de conocimiento y el enfoque de su mutua modificación en la interacción, su búsqueda de la unidad en la interdependencia de aquellas nociones que parecen antitéticas, como conocimiento y acción, estructura y función, procedimientos y estructuras (Inhelder y Piaget, 1979) o acomodación y asimilación cognoscitivas. Además, los estudios sobre las contradicciones entre esquemas de conocimiento o entre esquemas y observables (Piaget, 1974), o sobre las interrelaciones entre sistemas antes independientes en los sujetos, la relativización de propiedades concebidas antes como absolutas, o la construcción de sistemas más abarcadores que los anteriores, etcétera (Piaget, 1980).

En el caso de Vigotsky, la negativa a separar lo externo y lo interno, lo interpsicológico de lo intrapsicológico, lo individual de lo social, la internalización cultural de su transformación activa por el individuo, los conceptos naturales y los científicos. Y en consecuencia, la indagación psicológica presidida por un proceso de síntesis de las diferencias mencionadas. Muy particularmente, puede señalarse la búsqueda de una "unidad de análisis" en la investigación empírica, capaz de sintetizar los procesos y tendencias que contribuyen a la existencia y desarrollo de un fenómeno psicológico en indagación. Sin duda, inspirado en el estudio de Marx acerca del valor, convierte el significado de la palabra en un producto del análisis, que, a diferencia de los elementos, conserva todas las propiedades básicas del total y no puede ser dividido sin perderlas (Vigotsky, 1979).

Aun en el plano de la metodología de las indagaciones, este espíritu dialéctico los acerca significativamente. Sin duda, en los núcleos de los programas de investigación del desarrollo cognoscitivo, figuran junto a las interpretaciones básicas las metodologías experimentales. En este sentido, se puede recordar la técnica de testeo dinámico en Vigotsky y el método clínico en Piaget.

De este modo, mientras en Piaget la indagación clínica está dirigida a interpretar las hipótesis que sostiene el niño respecto a un objeto de conocimiento, en Vigotsky su método de indagación está sobre todo dirigido a probar que las nociones infantiles pueden ser mejoradas (Tolchinsky Landsman, 1987).

Ahora bien, ambas aproximaciones metodológicas comparten el rechazo a la perspectiva experimentalista que separa primero los medios experimentales del sujeto, y luego apuesta a la determinación de los efectos en las variables dependientes de los cambios en las variables independientes.

En las investigaciones psicogenéticas las propias variables independientes constituyen un problema (Castorina, Lenzi y Fernández,

1990): para una concepción constructivista e interaccionista del conocimiento no hay estímulos exteriores que puedan manipularse con independencia del significado que les otorga el sujeto. En el caso de Vigotsky, el control del experimentador sobre lo que ocurre es un caso excepcional, siendo la norma que en una situación experimental los instrumentos psicológicos son significados por el sujeto humano, y ello no permite al investigador un control rígido. Los nuevos fenómenos psicológicos son "disparados" por la acción del experimentador, pero no son producidos (Van der Veer y Valsiner, 1991).

De esta forma, la interacción entre las hipótesis del investigador y las del niño en la indagación clínica piagetiana, así como la experimentación dinámica en Vigotsky, son otro testimonio de la interdependencia dialéctica.

Por último, un comentario muy breve sobre el futuro de las relaciones entre piagetianos y vigotskianos si se admite, aunque sea parcialmente, el criterio de comparación ofrecido en estas páginas y la actitud dialéctica común.

Además de avanzar en una comparación más precisa y audaz epistemológicamente –una tarea metateórica que aún no se ha realizado conjuntamente–, el camino más interesante que se debe recorrer empieza por el planteo de problemas empíricos. Sugerimos ensayos de indagación sobre cuestiones demandadas por el sistema educativo, tales como la apropiación de saberes en el contexto de la interacción con los docentes, o investigaciones sobre temáticas extraescolares donde se pongan en juego a la vez los procesos socioculturales y las reconstrucciones por parte de los sujetos. Sobre esto último, hay algún ensayo promisorio de articulación de estas perspectivas respecto de las adquisiciones de nociones matemáticas en niños de la calle brasileños al interior de interacciones sociales con pares y adultos (Saxe, 1991; los comentarios sobre la obra de Saxe en Bidell, 1992).

En cualquier caso, las indagaciones deben suponer la autonomía de las perspectivas y sus respectivas metodologías, pero también la búsqueda de problemas comunes y una tarea de interacción entre los investigadores, de modo de facilitar el intercambio y la revisión de las hipótesis si es necesario.

Bibliografía

Álvarez, A. y P. Del Río: "Educación y Desarrollo: la teoría de Vigotsky", en C. Coll, J. Palacios y A. Marchesi (comps.), *Desarrollo y educación,* t. II, Madrid, Alianza Editorial, 1990.

Bidell, T.: "Vygotsky, Piaget and the Dialectic of Development", *Human Development,* 1988, 31:329-348.

Bidell, T.: "Beyond Interactionism in Contextualist Models of Development", *Human Development,* 1992, 35:306-315.

Castorina, J. A.; A. Lenzi y S. Fernández: "El proceso de elaboración de un diseño experimental en psicología genética: la noción de autoridad escolar", *Anuario de Investigaciones,* No. 1, Facultad de Psicología, Universidad de Buenos Aires, 1990.

Castorina, J. A. y A. Lenzi: "Las ideas iniciales de los niños sobre la autoridad escolar: una indagación psicogenética", *Anuario de Investigaciones,* No. 2, Facultad de Psicología, Universidad de Buenos Aires, 1991.

Castorina, J. A. y A. Lenzi: "Algunas ideas avanzadas de los niños sobre la autoridad escolar", *Anuario de Investigaciones,* No. 3, Facultad de Psicología, Universidad de Buenos Aires, 1994.

Castorina, J. A.: "Teoria psicogenetica de aprendizagem e a practica educacional: questões e perspectivas", *Cadernos de Pesquisa,* Nº 88, Fund. Chagas, San Pablo, 1994.

Castorina, J. A. y Gil Antón: "La construcción de la noción de autoridad escolar: problemas epistemológicos derivados de una indagación en curso", *Revista del Instituto de Investigaciones en Ciencias de la Educación,* Facultad de Filosofía y Letras, Buenos Aires, UBA, 1995.

Coll, C.: "Aprendizaje y desarrollo: la concepción genético-cognitiva del aprendizaje", en C. Coll, J. Palacios y A. Marchesi (comps.), *Desarrollo psicológico y educación,* 1990.

Ferreiro, E.: *Proceso de alfabetización. Alfabetización en proceso,* Buenos Aires, Centro Editor de América Latina, 1986.

García, R.: "Lógica y epistemología genética", en J. Piaget y R. García, *Hacia una lógica de las significaciones,* Barcelona, Gedisa, 1989,

García, R. y E. Ferreiro (): "Presentación" a la edición castellana de la obra de J. Piaget, *Introducción a la epistemología genética*, Buenos Aires, Paidós, 1974, t. I.

García Madruga, J.: *Desarrollo y conocimiento*, Madrid, Siglo XXI, 1991.

Gréco, P.: "Apprentissage et Développement", en *Études d'Epistémologie Génétique*, t. X, París, PUF, 1959.

Haste, H.: "La adquisición de reglas", en J. Bruner y H. Haste (comps.), *La elaboración del sentido*, Barcelona, Paidós, 1990.

Inhelder, B., M. Sinclair y otros (): *Aprendizaje y estructuras de conocimiento*, Madrid, Morata, 1975.

Inhelder, B. y J. Piaget (): "Procedures et Structures", en *Archives de Psychologie*, 47:165-176, 1979.

Kohl de Oliveira, M.: "Vigotskii e Processo de Formação de Conceitos", en Piaget, Vigotsky, Wallon, *Teorias Psicogeneticas em Discussão*, San Pablo, Summus, 1992.

Kohl de Oliveira, M.: *Vigotsky*, San Pablo, Scipione.

Lawrence, J. y J. Valsiner (1993): "Conceptual Roots of Internalization: From Transmission to Transformation", en *Human Development*, 1993, 36:150-167.

Leontiev, A. N.: "The problem of activity in Psychology", en J. Wertsch (comp.), *The concept of activity in Soviet Psychology*, Armonk-Nueva York, Shapere, 1981.

Panofsky, C., V. John-Steiner y P. Blackwell (): "Desarrollo de los conceptos científicos y discurso", en L. C. Moll (comp.), *Vigotsky y la educación*, Buenos Aires, Aique, 1994.

Paris, S. y D. Cross (): "The zone of proximal development: virtues and pitfalls of a metaphorical representation of children's learning", en *The Genetic Epistemologist*, vol. XVI, No. 1, University of Delaware, 1988.

Piaget, J.: *Études sociologiques*, Ginebra, Ed. Librairie Droz, 1965.

Piaget, J.: "Epistémologie de la Logique", en *Logique et Connaissance Scientifique*, Enciclopédie de La Pléyade, París, Gallimard, 1967.

Piaget, J.: *Estudios sobre la contradicción*, México, Siglo XXI, 1974.

Piaget, J.: "Comentarios sobre las observaciones críticas de Vigotsky", apéndice a la obra de L. Vigotsky, *Pensamiento y lenguaje,* Buenos Aires, La Pléyade, 1977.

Piaget, J.: *La equilibración de las estructuras cognitivas,* México, Siglo XXI, 1978.

Piaget, J.: *Les Formes élémentaires de la Dialectique,* París, Gallimard, 1980.

Piaget, J. y R. García (): *Psicogénesis e historia de la ciencia,* México, Siglo XXI, 1981.

Pozo, I.: *Teorías cognitivas del aprendizaje,* Madrid, Morata, 1989.

Ribeiro, M.: *Ensinar ou Aprender?,* Campinas, Ed. Campus, 1993.

Rogoff, B.: *Apprenticeship in thinking: Cognitive development in social context,* Nueva York, Oxford University Press, 1990.

Saxe, G.: *Culture and Cognitive Development: Studies in Mathematical Understanding,* Londres, Erlbaum, 1991.

Sinclair, H. y otros (): "Constructivisme et psycholinguistique génétique", en *Archives de Psychologie,* 1985, vol. 53, N° 204.

Tolchinsky Landsman, L.: "The Conceptualization of Writing in the Confluence of Interactive Models of Development", ponencia presentada en Anual Tel Aviv Workshop of Human Development and Education "Culture, Schooling and Psychological Development", junio de 1987.

Van der Veer, R. y J. Valsiner (): *Vigotsky,* Cambridge, B. Blackwell, 1991.

Vigotsky, Lew (): *Pensamiento y lenguaje,* Buenos Aires, La Pléyade, 1977.

—: *El desarrollo de los procesos psicológicos superiores,* Barcelona, Grijalbo, 1979.

—: "The instrumental method in Psychology", en J. Wertsch (ed.), *The concept of activity in Soviet Psychology,* Armonk-Nueva York, Shapere, 1981.

Wertsch, J.: "Commentary to L. Lawrence and J. Valsineer", *Conceptuals Roots of Internalization from Transmission to Transformation, Human Development,* 1992, 36:150-167.

—: "La voz de la racionalidad en un enfoque sociocultural de la

mente", en L. C. Moll (comp.), *Vigotsky y la educación,* Buenos Aires, Aique, 1994.
Youniss, J. y W. Damon (): "Social Construction in Piaget's Theory", en H. Beilin (comp.), *Piaget's Theory,* Nueva Jersey-Londres, Erlbaum, 1992.

PENSAR LA EDUCACIÓN:
LAS CONTRIBUCIONES DE VIGOTSKY*

*Marta Kohl de Oliveira***

A fin de comentar el pensamiento de Vigotsky como referente teórico de una determinada concepción de la práctica pedagógica y la actuación docente vamos a referirnos a dos cuestiones esenciales para ubicar el debate en un cuadro más amplio.

En primer lugar, es importante destacar que nos encontramos ante el complejo tema –tan importante en el área de la educación– de la relación entre propuestas teóricas y práctica pedagógica. Esta área, interdisciplinaria y aplicada, se construye en el plano de la práctica y se alimenta de formulaciones teóricas que provienen de varias disciplinas. La misma idea de "aplicación" de teorías suele ser vista de forma diferente por los que construyen las teorías y los que las utilizan: el deseo de los educadores de extraer de la teoría un "cómo hacer" eficiente –componente esencial de la empresa pedagógica– resulta inadecuado para el investigador, que busca la consistencia interna de sus formulaciones, interesado en su poder

---

* La primera versión de este texto fue el resultado de una intervención en el panel "Piaget-Vigotsky como referentes teóricos: ¿Qué diferencias hay en la práctica de aula? El modo de conceptualizar la acción docente" (Encuentro Latinoamericano Didáctica de la Lengua Escrita: Temas Polémicos. Montevideo, 6-8 de agosto, 1993). Algunas partes de ese texto se encuentran en el boletín *Por detrás de las letras: alfabetización-reflexiones sobre la falsa dicotomía entre enseñanza y aprendizaje* publicado por la FEDE, San Pablo, en 1994, como resultado de la mesa redonda realizada en 1991.
**Facultad de Educación de la Universidad de San Pablo, Brasil.

explicativo y no en su posibilidad de producir propuestas de acción. La tensión entre teoría y práctica es una constante en el área de la educación, y es en el marco de esa tensión donde desarrollaré este artículo.

Por otro lado, es importante que conozcamos ciertas características de la obra de Vigotsky para comprender la magnitud de su contribución a la educación. Como hemos comentado en un trabajo anterior (1993):

> Su producción escrita no llega a constituir un sistema explicativo completo, articulado, del que se pueda extraer una "teoría vigotskiana" bien estructurada. Asimismo, esta producción no está constituida por relatos detallados de sus trabajos de investigación científica, en los cuales el lector pudiese obtener informaciones precisas sobre sus procedimientos y sobre los resultados de sus investigaciones. Parecen ser precisamente textos "jóvenes", escritos con prisa y entusiasmo, llenos de ideas fecundas que precisarían ser canalizadas en un programa de trabajo a largo plazo para ser exploradas en toda su riqueza (pág. 21) [...] Por ese motivo, su trabajo, más que organizar, *inspira* la reflexión sobre el funcionamiento del ser humano, la investigación en educación y en áreas relacionadas con la práctica pedagógica (pág. 102).[1]

Partiendo del supuesto de que la teoría puede alimentar la práctica pero no proporciona instrumentos metodológicos que se puedan aplicar de inmediato –y de que, en el caso específico de Vigotsky, dada la naturaleza de su producción escrita, sería aún más inadecuado buscar un fundamento explícito de cualquier tipo de práctica pedagógica–, lo importante es buscar en este autor elementos que ayuden a reflexionar en el área de la educación.

---

1. Como en esta compilación realizamos un contrapunto entre la teoría de Vigotsky y la de Piaget, es importante mencionar que este último, cuya vida fue casi cincuenta años más larga que la de Vigotsky, construyó una teoría mucho más completa y articulada. Por otro lado, Vigotsky tenía mayor preocupación explícita que Piaget por cuestiones pedagógicas; esto se manifestó en su práctica profesional, que siempre incluyó una participación en el magisterio y en instituciones que atendían a discapacitados físicos y mentales.

1. Desarrollo y aprendizaje

La relación entre los procesos de desarrollo y de aprendizaje es un tema central del pensamiento de Vigotsky. Su posición es esencialmente genetista: intenta comprender la *génesis*, es decir el origen y el desarrollo de los procesos psicológicos. Su abordaje genetista se divide en los niveles filogenético (desarrollo de la especie humana), sociogenético (historia de los grupos sociales), ontogenético (desarrollo del individuo) y microgenético (desarrollo de aspectos específicos del repertorio psicológico de los sujetos), todos los cuales intervienen en la construcción de los procesos psicológicos. Su preocupación por el desarrollo es, pues, una constante en su trabajo, y caracteriza su abordaje de los fenómenos de la psique.

Dada la importancia que Vigotsky atribuyó a la dimensión sociohistórica del funcionamiento psicológico y la interacción social en la construcción del ser humano, el proceso de aprendizaje es igualmente central en su concepción del hombre. O sea que, junto a la postura genetista que fundamenta su interés por el desarrollo, su abordaje específico de éste –que toma en cuenta la inserción del hombre en el ambiente histórico y cultural– fundamenta el énfasis que su teoría pone en el aprendizaje.

Para Vigotsky, desde el comienzo de la vida humana el aprendizaje está relacionado con el desarrollo, ya que es "un aspecto necesario y universal del proceso de desarrollo de las funciones psicológicas culturalmente organizadas y específicamente humanas" (Vigotsky, 1984, pág. 101). El camino del desarrollo del ser humano está, en parte, definido por los procesos de maduración del organismo del individuo de la especie humana, pero es el aprendizaje lo que posibilita el despertar de procesos internos de desarrollo que no tendrían lugar si el individuo no estuviese en contacto con un determinado ambiente cultural. En otras palabras, el hombre nace provisto de ciertas características propias de la especie (por ejemplo, la visión por medio de dos ojos, que permite la percepción tridimensional, o la capacidad de recibir y procesar información auditiva), pero las llamadas funciones psicológicas superiores, aquellas que incluyen la conciencia, la intención, la planificación, las acciones voluntarias y deliberadas, dependen de procesos de aprendizaje. El hombre es miembro de una especie para cuyo desarrollo el aprendizaje desempeña un papel central, especialmente en lo que respecta a esas funciones superiores, típicamente humanas.

Directamente relacionada con el énfasis que pone Vigotsky en la dimensión sociohistórica del funcionamiento psicológico humano se encuentra su concepción del aprendizaje como un proceso que siempre incluye relaciones entre individuos. En la construcción de los procesos psicológicos típicamente humanos es necesario establecer relaciones interpersonales: la interacción del sujeto con el mundo se establece por la mediación que realizan otros sujetos. Del mismo modo que el desarrollo no es un proceso espontáneo de maduración, el aprendizaje no es sólo el fruto de una interacción entre el individuo y el medio; la *relación* que se da en el aprendizaje es esencial para la definición de ese proceso, que nunca tiene lugar en el individuo aislado.

Es interesante destacar que el término ruso que Vigotsky utiliza para referirse a ese proceso es *obuchenie*, que significa aproximadamente "proceso de enseñanza-aprendizaje" y siempre incluye al que aprende, el que enseña y la relación entre ambos.[2] El concepto original de Vigotsky no se refiere, pues, sólo al aprendizaje; tampoco se refiere sólo a la enseñanza: es un proceso global de relación interpersonal que a un tiempo incluye a alguien que aprende, alguien que enseña y la relación de enseñanza-aprendizaje.

El concepto de enseñanza-aprendizaje de Vigotsky incluye dos aspectos particularmente importantes: por un lado, la idea de un proceso que involucra tanto a quien enseña como a quien aprende no se refiere necesariamente a las situaciones en las que hay un educador físicamente presente. La presencia de un otro social puede manifestarse por medio de los objetos, de la organización del ambiente, de los significados que impregnan los elementos del mundo

---

2. Valsiner (1988), un estudioso de la obra de Vigotsky, analizó en detalle el significado de la palabra *obuchenie*. Este autor también se refiere a las serias dificultades que presenta la traducción de ese concepto; a falta de un término inglés equivalente, *obuchenie* se ha traducido como "enseñanza", "aprendizaje" o "instrucción". Como los textos portugueses han sido traducidos de versiones norteamericanas, el término original llegó al público brasileño con las mismas variaciones de significado y, por lo tanto, con la misma imprecisión.

cultural que rodea al individuo. De este modo, la idea de "alguien que enseña" puede concretarse en objetos, en sucesos, en situaciones o en formas de organización de la realidad y en la propia lengua, que es un elemento fundamental de este proceso. Para que un niño aprenda lo que es una silla, por ejemplo, no es necesario que asista a "clases" sobre sillas. Por el hecho de que está inmerso en un ambiente cultural en el cual existen sillas y que éstas se utilicen para ciertos fines en situaciones determinadas y se hayan incorporado al discurso verbal de las personas en ciertos contextos, el niño internaliza el significado de "silla" sin necesitar, para ello, un proceso explícito de instrucción ni un instructor dedicado deliberadamente a esa tarea.

Por otro lado, cuando el aprendizaje es, sí, un resultado deseable de un proceso deliberado, explícito, intencional, la intervención pedagógica es un mecanismo privilegiado. Y la escuela es el lugar por excelencia donde se desarrolla el proceso intencional de enseñanza-aprendizaje: es una institución creada por la sociedad letrada para transmitir determinados conocimientos y formas de actuar en el mundo; por definición, su propósito involucra procesos de intervención que conducen al aprendizaje. A diferencia de las situaciones informales en las que el niño aprende por estar inmerso en un ambiente cultural formador, en la escuela el profesor –así como otros agentes pedagógicos– es una persona real, físicamente presente ante el que aprende, con la función explícita de intervenir en el proceso de aprendizaje –y por lo tanto de desarrollo–, provocando avances que no ocurrirían de forma espontánea.

De ese modo, durante el desarrollo de un individuo según líneas definidas, en gran medida, por la cultura, el proceso de enseñanza-aprendizaje es esencial. Algunas veces sucede de manera informal, porque el sujeto está inmerso en situaciones de la vida cultural; en otras ocasiones tiene lugar de forma deliberada, por la acción explícita y voluntaria de un educador que dirige este proceso.

Para sintetizar las relaciones entre desarrollo y aprendizaje propuestas por Vigotsky, podemos decir, en primer lugar, que ambos están íntimamente relacionados: dentro de un contexto cultural que le proporciona la "materia prima" del funcionamiento psicológico, el individuo cumple su proceso de desarrollo movido por mecanismos de aprendizaje accionados externamente. Por otra parte, aunque en la relación del individuo con el medio los procesos de aprendizaje tienen lugar en forma constante, cuando en éste existe la intervención deliberada de un otro social, enseñanza y aprendizaje comienzan a formar parte de un todo único, indisociable, que incluye al que enseña, el que aprende y la relación entre ambos.

2. Implicancias en la enseñanza escolar

A partir de sus concepciones sobre desarrollo y aprendizaje, podemos señalar tres ideas básicas de Vigotsky que poseen particular relevancia en la cuestión de la enseñanza escolar. En primer lugar, su postulación de que el desarrollo psicológico debe ser visto de manera prospectiva, es decir, más allá del momento actual, con referencia a lo que está por suceder en la trayectoria del individuo, es particularmente interesante, pues

> [...] normalmente, cuando nos referimos al desarrollo de un niño, lo que buscamos comprender es "hasta dónde el niño ya llegó" en términos de un recorrido que, suponemos, habrá de realizar. Por ello observamos su desempeño en diferentes tareas y actividades, como por ejemplo: ¿ya sabe caminar?, ¿ya sabe atarse el cordón de los zapatos?, ¿ya sabe construir una torre con cubos de diferentes tamaños? Cuando decimos que un niño ya sabe hacer determinada tarea, nos referimos a su capacidad de realizarla *solo*. Por ejemplo, si observamos que un niño "ya sabe atarse el cordón de los zapatos", está implícita la idea de que lo sabe hacer solo, sin ayuda de otras personas.
> Ése es el modo de evaluar el desarrollo de un individuo en las situaciones de la vida diaria, cuando observamos a los niños que nos rodean, y es también el método más utilizado en investigaciones sobre el desarrollo infantil. El investigador selecciona algunas tareas que considera importantes para el estudio del desempeño del niño y observa cuáles son las que ya puede realizar. Por lo general, en las investigaciones se cuida especialmente que sólo se tengan en cuenta las conquistas que ya están consolidadas en el niño: las capacidades o funciones que ya domina completamente y ejerce de forma independiente, sin ayuda de otras personas (Oliveira, 1993, pág. 58).

Es en este sentido que la visión prospectiva de Vigotsky se torna digna de mención y resulta especialmente importante: la idea de transformación, fundamental en el concepto de educación, gana particular importancia en una concepción que enfatiza el interés por comprender, en el curso del desarrollo, el surgimiento de lo que es nuevo en la trayectoria del individuo, los "brotes" o "flores" de desarrollo, en lugar de sus frutos (Vigotsky, 1984).

El concepto de zona de desarrollo proximal, tal vez el más difundido y reconocido como típico de su pensamiento, está estrechamente vinculado a la afirmación de que el desarrollo debe ser mirado prospectivamente: marca como más importantes en el curso del desarrollo exactamente aquellos procesos que ya estaban embrionariamente presentes en el individuo, aunque no se hubieran consolidado. La zona de desarrollo proximal es, por excelencia, el dominio psicológico en constante transformación. En términos de acción pedagógica, ese postulado implica la idea de que el papel explícito del profesor de provocar en los alumnos avances que no sucederían espontáneamente consiste en una interferencia en la zona de desarrollo proximal de aquéllos. La única enseñanza buena, dice Vigotsky, es la que se adelanta al desarrollo.

En segundo lugar, es fundamental para la educación el postulado de Vigotsky de que los procesos de aprendizaje ponen en marcha los procesos de desarrollo. Como hemos expuesto más arriba, la relación entre ambos procesos es central en el pensamiento de Vigotsky: la trayectoria de desarrollo humano se produce "de afuera hacia adentro", por medio de la internalización de procesos interpsicológicos. Las metas y los procesos de desarrollo del individuo, que jamás existe en cuanto tal fuera de un grupo cultural específico, son siempre definidos culturalmente. Un ser humano que pasa toda su vida en un grupo cultural ágrafo, por ejemplo, nunca será alfabetizado. Aun cuando posea todo el aparato físico de la especie que posibilita a sus miembros el aprendizaje de la lectura y de la escritura, ese individuo nunca aprenderá a leer ni a escribir si no participa de situaciones y prácticas sociales que propicien ese aprendizaje. Éste es un ejemplo claro de un proceso de desarrollo que no ocurre si no existen las situaciones de aprendizaje que lo provoquen.

Aquí surge claramente la implicancia de la postulación de Vigotsky en la enseñanza escolar: si el aprendizaje impulsa el desarrollo, la escuela, agente social encargado explícitamente de transmitir sistemas organizados de conocimiento y modos de funcionamiento intelectual a niños y jóvenes, desempeña un papel esencial en la *promoción* del desarrollo psicológico de los individuos que viven en las sociedades letradas.

El papel central del aprendizaje en el desarrollo está estrechamente relacionado con la tercera idea de Vigotsky que tiene particular importancia en la reflexión acerca de la educación: la importancia de la intervención de los otros miembros del grupo social como mediadores entre la cultura y el individuo, para promover los procesos interpsicológicos que posteriormente serán internalizados.

> Esto significa que en primer lugar el individuo realiza acciones hacia el exterior, que serán interpretadas por las personas que lo rodean de acuerdo con los significados culturalmente establecidos. A partir de esa interpretación el individuo podrá atribuir significados a sus propias acciones y desarrollar procesos psicológicos internos que pueda interpretar él mismo mediante los mecanismos establecidos por el grupo cultural y comprendidos mediante los códigos que comparten los miembros de ese grupo" (Oliveira, 1993, pág. 39).

El individuo no posee instrumentos endógenos para recorrer solo el camino hacia el pleno desarrollo. El mero contacto con los objetos de conocimiento no garantiza el aprendizaje, así como la simple inmersión en un ambiente formador no promueve, necesariamente, el desarrollo, pautado por metas definidas culturalmente. La intervención deliberada de los miembros más maduros de la cultura en el aprendizaje de los niños es esencial para el proceso de desarrollo infantil.

La importancia de que actúen otras personas en el desarrollo del individuo se torna particularmente evidente en aquellas situaciones en las que el aprendizaje es un resultado claramente deseable de las interacciones sociales. En la escuela, por lo tanto, donde el aprendizaje es el objetivo de un proceso que se propone guiar hacia un determinado tipo de desarrollo, se privilegia la intervención deliberada. Los procedimientos que tienen lugar en ella –demostración, asistencia, proporción de indicios, instrucciones– son fundamentales para una enseñanza capaz de promover el desarrollo. La intervención del profesor desempeña, pues, un papel central en la trayectoria de los individuos que pasan por la escuela.

De este modo, el marco de referencia teórico vigotskiano caracteriza los procesos pedagógicos como intencionales, deliberados, dirigidos a la construcción de seres psicológicos que sean miembros de una cultura específica, cuyo perfil, por lo tanto, esté modelado por parámetros definidos culturalmente. Los mecanismos de desarrollo están guiados por los procesos de aprendizaje, esenciales para la emergencia de características psicológicas típicamente humanas, que trascienden la programación biológica de la especie.

Así, conquistas culturales específicas delinean particulares caminos de desarrollo. Es en este sentido que la escuela, en cuanto creación cultural de las sociedades letradas, desempeña un papel especial en la construcción del desarrollo integral de los miembros de esas sociedades. Esa institución tiene la función explícita de volver "letrados" a los individuos, proporcionándoles instrumentos para interactuar activamente con el sistema de lectura y escritura, con el conocimiento acumulado por las diversas disciplinas científicas y con el modo de construir conocimiento que es propio de la ciencia. La escuela es un lugar social donde el contacto con el sistema de escritura y con la ciencia en cuanto modalidad de construcción de conocimiento se da de forma sistemática e intensa, potenciando los efectos de esas otras conquistas culturales sobre los modos de pensamiento.

3. La cuestión de la alfabetización

En este contexto, es importante comentar brevemente algunas cuestiones referentes a los procesos de adquisición de la lengua escrita, lo que constituye el tema de esta compilación. Las ideas de Vigotsky comentadas hasta aquí, particularmente importantes para la educación, apoyan claramente su concepción del proceso de alfabetización. La escritura, sistema simbólico que cumple un papel mediador en la relación entre sujeto y objeto del conocimiento, es un artefacto cultural que funciona como soporte de ciertas acciones psicológicas, esto es, como instrumento que posibilita la ampliación de la capacidad humana de registro, transmisión y recuperación de ideas, conceptos e informaciones. La escritura sería una especie de herramienta externa, que extiende la potencialidad del ser humano hacia afuera de su cuerpo: así como prolongamos el alcance del brazo con el uso de una vara, con la escritura ampliamos nuestra capacidad de registro, de memoria y de comunicación.

Los principales aportes de Vigotsky sobre la alfabetización se encuentran en dos capítulos de su libro *La formación social de la mente* (Vigotsky, 1984). Uno de ellos, titulado "La prehistoria de la lengua escrita", pertenece a una compilación de ensayos publicada en ruso en 1935.[3] Las ideas expresadas en ese texto están más desarrolladas, especialmente en lo que respecta a elementos de investigación, en un artículo de su discípulo y colaborador Alexander R. Luria, "El desarrollo de la escritura en el niño" (Luria, 1988), escrito en 1929. Nos referiremos, por lo tanto, a las concepciones de Vigotsky y Luria considerándolas un abordaje de la alfabetización, dado que estos dos autores trabajaron sobre ese tema a partir de un mismo cuerpo teórico y empírico.

Para presentar los trabajos de Vigotsky y Luria acerca de alfabetización me parece útil tomar como referencia la teoría de Emilia Ferreiro, bastante conocida en los medios educacionales contemporáneos. Aunque el trabajo de Vigotsky y Luria es aproximadamente cincuenta años anterior a la obra de Ferreiro, existe una notable semejanza entre los dos enfoques, y su comparación puede contribuir a una comprensión más profunda del pensamiento de esos autores rusos –mucho menos divulgado entre nosotros que el de Emilia Ferreiro–[4] acerca de la alfabetización.

---

3. La publicación rusa de 1935 es póstuma (Vigotsky murió en 1934). No disponemos de información acerca de la fecha en que ese texto fue escrito.

4. Dos artículos recientes publicados en Brasil tratan de esa contraposición: en "Acceso al mundo de la escritura: los caminos paralelos de Luria y Ferreiro" (Rocco, 1990), María Thereza Fraga Rocco compara la producción de esos dos autores y sugiere, al final del artículo, que la misma Emilia Ferreiro publique sus reflexiones respecto del tema. Ferreiro acepta la sugerencia, y en 1994 publica el artículo "Luria y el desarrollo de la escritura en el niño".

La similitud más evidente se refiere a la idea de que la escritura no es un código de transcripción de la lengua oral sino un sistema de representación de la realidad, y que el proceso de alfabetización es el dominio progresivo de ese sistema, que comienza mucho antes de que el niño se escolarice. Por ser miembro de una sociedad letrada, el niño adquiere nociones de la lengua escrita antes de ingresar en la escuela; esas nociones más tarde son sistematizadas en las situaciones más formales de aprendizaje. De igual modo que Ferreiro, Vigotsky postula, así, que el niño inmerso en la sociedad letrada está expuesto a las características, funciones y modalidades de utilización de la lengua escrita que le permitirán desarrollar concepciones sobre ese objeto cultural.

Vigotsky se preocupa particularmente (más que Ferreiro, en mi opinión) por la importancia de la intervención pedagógica intencional para que se efectúe el proceso de alfabetización, de dominio del sistema de lectura y escritura. Inmerso en una sociedad letrada, el niño no se manifiesta espontáneamente como una persona alfabetizada; el aprendizaje de un objeto cultural tan complejo como la escritura depende de procesos deliberados de enseñanza. Del mismo modo que, obviamente, no existe "maduración espontánea" (al punto que los miembros de grupos no letrados nunca llegan a ser personas alfabetizadas), el mero contacto con el objeto no garantiza el aprendizaje. Si lo dejamos solo con la lengua escrita, el niño no tiene material suficiente para comprender toda la estructuración del sistema. La mediación de otros individuos es esencial para provocar avances en el dominio de ese sistema culturalmente desarrollado y compartido.

Una diferencia bastante significativa entre la concepción de Ferreiro, por un lado, y la de Vigotsky y Luria, por otro, se refiere al objeto de la atención de cada una de esas teorías: mientras la teoría de Ferreiro está centrada en la *naturaleza interna* de la escritura como sistema, la de Vigotsky y Luria se fundamenta en las *funciones* de ese sistema para sus usuarios. Sobre la base de su núcleo teórico, la investigación de Emilia Ferreiro se refiere al proceso por el cual un niño adquiere el dominio del sistema de escritura: de su naturaleza, su articulación interna y sus reglas de funcionamiento. Con anterioridad, Vigotsky y Luria se habían dedicado a investigar cómo el niño aprende las funciones de la escritura y cómo desarrolla la necesidad de utilizarla como instrumento psicológico. En el texto mencionado, Luria (1988) propone una secuencia para el proceso de adquisición de la escritura por el niño, que se refiere justamente a su dominio del empleo del sistema de escritura y de su función. Resumiremos brevemente esa secuencia, a fin de explicar el concepto de alfabetización de los autores rusos.

Al principio, el niño pasa por una fase de imitación de la forma exterior de la escritura: hace "garabatos" que imitan la escritura del adulto pero no tienen ningún valor instrumental. Esto significa que, cuando posteriormente se le pida al niño que recuerde lo que escribió, su escritura no tendrá ninguna utilidad, no ayudará en la tarea de recuperación de la información registrada originalmente.

En una segunda etapa, el niño pasa a utilizar lo que Luria llama "marcas topográficas": registros gráficos distribuidos en el papel cuya posición en el espacio podrá auxiliar en la "lectura" posterior de esa escritura. El niño intenta asociar el lugar donde hizo las marcas con el contenido del registro, y de ese modo muestra una mayor comprensión de la escritura como instrumento auxiliar de la memoria.

A continuación, el niño comienza a producir una escritura claramente relacionada con el contenido del habla que registra, haciendo diferenciaciones de acuerdo con el tamaño, la cantidad, la forma o el color del referente. Así, por ejemplo, una marca muy negra puede utilizarse para representar la oscuridad del cielo; varios trazos pequeños pueden indicar "muchas hormigas" en oposición a "una hormiga" representada por un trazo solo; un cuadrado grande puede querer mostrar un perro, en contraste con un cuadrado pequeño, que recuerda a un cachorro.

Después de esa etapa, el niño estará en condiciones de emplear representaciones pictográficas como forma de escritura, y producirá diseños simplificados para registrar diferentes contenidos del habla; esto garantizará que posteriormente pueda recuperar la información. A partir de entonces, el niño, que probablemente ya está en una situación de escolarización formal, comenzará el proceso de apropiación del sistema convencional de escritura.

Ese proceso de dominio del sistema de escritura en cuanto tal no es el objeto privilegiado de la atención de Luria. Apoyado en Vigotsky, Luria se dedicó especialmente a la llamada prehistoria de la escritura, y propuso una secuencia de fases de adquisición de la escritura por el niño que en realidad termina donde comienza el proceso de alfabetización propiamente dicho:

> El desarrollo posterior de la alfabetización implica la asimilación de los mecanismos de escritura simbólica culturalmente elaborada y el uso de recursos simbólicos para ejemplificar y captar el acto de evocación. Esto excede nuestro tema. (Luria, 1988, pág. 188).

Aquí debemos llamar la atención sobre dos puntos. En primer lugar, aunque las perspectivas de Luria y Ferreiro son en cierto modo complementarias, no es aconsejable ceder a la tentación de hacer una "suma" de las dos teorías simplemente alineando en una misma secuencia las etapas propuestas por Luria con las que propone Ferreiro. Como hemos mencionado anteriormente, ambos autores tienen puntos de partida muy distintos; una mera combinación de las dos propuestas puede llevar a una comprensión demasiado simplificada de las teorías.

En segundo lugar, es fundamental comparar las dos interpretaciones sobre el proceso de adquisición de la escritura con datos de investigaciones contemporáneas que contribuyan a la recontextualización de esas teorías, teniendo presentes las características de los distintos grupos de niños que enfrentan la tarea de dominar el sistema de escritura. Es interesante investigar, por ejemplo, si un niño de una ciudad contemporánea pasa o no por las etapas propuestas por Luria, quien realiza su trabajo con niños rusos de fines de la década del 20, y es razonable suponer que el contacto que un niño pequeño tuvo con la escritura en aquel momento y

---

5. Se han realizado numerosas investigaciones a partir de la teoría de Ferreiro y se obtuvieron resultados bastante parecidos a los de la investigación original. Es interesante mencionar que una investigación realizada con niños preescolares publicada en la ciudad de San Pablo (Santos, 1992) identificó, en muchos niños, el recorrido propuesto por Luria. La similitud de los resultados de Ferreiro y de Luria

lugar sea muy distinto del que es posible hoy en día en una ciudad como San Pablo.[5]

Si, desde el punto de vista de Vigotsky, para que se dé desarrollo tiene que haber aprendizaje, y para que haya este último, especialmente de las funciones psicológicas superiores –donde la cultura tiene una importancia fundamental–, es necesario que haya intervención, en lo que respecta al tema específico de la alfabetización, por un lado el desarrollo de las capacidades de lectura y escritura se apoya en la inmersión del niño en una sociedad letrada, en su participación en el mundo que utiliza la palabra escrita; por otro lado, ese desarrollo se apoya en procesos de intervención deliberada, que ocurren especialmente en la escuela, para que el niño pueda dar el salto cualitativo necesario para aprehender el sistema completo, su estructura, usos y funciones.

4. Algunas cuestiones polémicas

Para finalizar esta reflexión sobre las contribuciones de Vigotsky a la educación y la enseñanza escolar, abordaremos brevemente algunas cuestiones polémicas que con frecuencia emergen de las discusiones contemporáneas sobre el pensamiento de este autor. Las exponemos según como fueron surgiendo a lo largo de los debates que tuvieron lugar en el panel para el que fue elaborada la versión preliminar de este trabajo. Estas cuestiones, al orientar nuestra atención hacia puntos "vivos" de la teoría vigotskiana, son una manera particularmente fecunda de encarar un texto escrito, que pretende ser más que una paráfrasis de las palabras del autor.

La primera cuestión que comentaremos es la relación entre la idea de *intervención* del otro social postulada por Vigotsky y la de *control*: ¿en qué medida, cuando habla de la importancia de la intervención, Vigotsky se refiere a la posibilidad de control de un individuo sobre otro, a la falta de autonomía del sujeto, a una especie de determinismo cultural?

---

en condiciones históricas tan diversas indica la fecundidad de ambos abordajes teóricos.

Para Vigotsky, aquello que es sociohistórico

no es sinónimo de "colectivo" o de "sistema social", en el sentido de una fuerza opresora que se impone monolíticamente al individuo, sino que está pensado como proceso, donde el mundo cultural, en sus múltiples cortes macroscópicos y microscópicos, se presenta al sujeto como *el otro*, la referencia externa que permite al ser humano constituirse como tal. Si, por un lado, el proceso de internalización del material cultural moldea al individuo, definiendo límites y posibilidades de su construcción personal, es exactamente ese mismo proceso lo que le permite ser auténticamente humano: en la ausencia de otro, el hombre no se construye como hombre.

Podemos invocar dos aspectos de la teoría de Vigotsky para argumentar contra quienes interpretan que su pensamiento es una forma de determinismo cultural. En primer lugar, el hecho de que la dimensión histórica, para Vigotsky, se reproduce en varios planos genéticos: el filogenético, el ontogenético, el sociogenético y el microgenético. Esos planos se entrecruzan e interactúan, generando una configuración única para cada individuo y que está en constante transformación. En cada situación de interacción con el mundo social el individuo se presenta, por lo tanto, en un momento de su trayectoria particular, trayendo consigo determinadas posibilidades de interpretación y resignificación del material que obtiene de esa fuente externa. Esa acción individual es un proceso de constante recreación de la cultura y es el fundamento de la dinámica de los procesos culturales.

De allí surge el segundo aspecto de los trabajos de Vigotsky que se contrapone a la idea de determinismo cultural: las funciones piscológicas superiores, principal objeto de su interés, se refieren a procesos voluntarios, acciones controladas conscientemente, mecanismos intencionales. Conciencia, voluntad e intención pertenecen a la esfera de la subjetividad, una dimensión humana que es fundamental para Vigotsky (aunque por lo general no se la tenga en cuenta en los comentarios sobre su pensamiento). El proceso de internalización, que corresponde a la misma formación de la conciencia, también es un proceso de constitución de subjetividad a partir de las situaciones de intersubjetividad. El pasaje del nivel interpsicológico al intrapsicológico involucra, así, relaciones interpersonales densas, mediadas simbólicamente, y no cambios mecánicos limitados a un terreno meramente intelectual (Oliveira, 1992a, pág. 68).

Respecto de la intervención en la situación escolar,

si una interpretación superficial de las posiciones de Piaget con frecuencia llevó a una postura espontaneísta, que propone dejar libre al niño en su interacción con los estímulos del mundo físico para que pueda madurar, manifestarse en su desarrollo natural, una comprensión superficial de Vigotsky podría conducir exactamente a lo opuesto: una posición directiva, intervencionista, una vuelta a la "educación tradicional". Aunque Vigotsky enfatice el papel de la intervención en el desarrollo, su objetivo es trabajar con la importancia del medio cultural y las relaciones entre individuos en la definición de un camino del desarrollo del ser humano, y no proponer una pedagogía directiva ni autoritaria. Sería imposible suponer a partir de su teoría un papel de receptor pasivo para el educando: Vigotsky trabaja explícita y constantemente con la idea de reconstrucción, de reelaboración, por parte del individuo, de los significados que le son transmitidos por el grupo cultural. La conciencia individual y los aspectos subjetivos que constituyen a cada persona son, para Vigotsky, elementos esenciales del desarrollo de los procesos psicológicos superiores del ser humano. La constante recreación de la cultura por parte de cada uno de sus miembros es la base del proceso histórico, siempre en transformación, de las sociedades humanas (Oliveira, 1993, pág. 63).

Estrechamente asociada a la cuestión de la existencia o no de un determinismo cultural, en Vigotsky tenemos la cuestión del lugar que ocupa la *maduración biológica* en sus postulaciones. Según lo expuesto anteriormente, el abordaje genético de Vigotsky se centra en el papel de las fuerzas culturales en la constitución del universo psicológico del ser humano, lo que podría provocar que no tengamos en cuenta las fuerzas biológicas. Llevado al extremo, ese posicionamiento permitiría la postulación de que para los seres humanos sería posible cualquier dirección de desarrollo y que podría provocarse cualquier hecho de desarrollo en cualquier momento de la vida del individuo, independientemente de su edad cronológica y de su madurez orgánica. La dimensión biológica, entre tanto, aparece muy claramente en Vigotsky. Postula que el cerebro es la base biológica, la sede material del funcionamiento psicológico, y sus características definen los límites y las posibilidades del desarrollo humano. Más allá de eso, el trayecto del desarrollo está, para él, claramente marcado por conquistas de naturaleza biológica: los planos filogenético y ontogenético interactúan con las dimensiones más específicamente sociohistóricas de la vida humana en la construcción de los procesos psicológicos. Considera que la trayectoria natural del desarrollo proporciona condiciones necesarias, aunque no suficientes, para la operación de fuerzas culturales.

Asimismo, es importante mencionar que cuando Vigotsky trata de profundizar la cuestión de la maduración más allá del simple reconocimiento de la dimensión biológica como elemento constitutivo del desarrollo psicológico humano, aparece el punto más oscuro y polémico de su obra. James Werstch, uno de los principales estudiosos contemporáneos del pensamiento de Vigotsky, efectúa un profundo análisis de este tema, y afirma que

> Vigotsky nunca fue muy claro acerca de qué pensaba sobre el desarrollo natural. Su tratamiento del tema deja muchas preguntas sin responder, ya que básicamente Vigotsky centró su investigación casi exclusivamente en el desarrollo social o cultural. Vigotsky analizó el curso natural del desarrollo sólo hasta el punto necesario para introducir el debate sobre los factores socioculturales (Werstch, 1988, pág. 62).

Ésa es una cuestión bastante central para la psicología del desarrollo, y ciertamente merecería una atención mayor que la que se le puede prestar en este texto.

Tanto respecto del tema de la relación entre intervención y control como del de la maduración se encuentra la posible identificación entre la noción vigostskyana de aprendizaje como un proceso de *promoción del desarrollo* y la idea de *aceleración del desarrollo*, incluida en programas de enriquecimiento cultural o de educación compensatoria. Estos dos conceptos son esencialmente diferentes. La propuesta de acelerar el desarrollo supone tanto un camino definido previamente como el diagnóstico de "fallas" o "atrasos" en el paso de determinados individuos o grupos por ese camino. Se destina, por lo tanto, a sujetos que, por alguna razón, no responden a las expectativas del desarrollo normal y precisarían una especie de "corrección" en su trayectoria. La noción de Vigotsky de que el aprendizaje despierta y promueve el desarrollo se refiere a un fenómeno completamente distinto: no a fallas del desarrollo sino a la esencia de la relación entre desarrollo y aprendizaje; postula que la construcción de las funciones psicológicas humanas se realiza fundamentalmente sobre la base de procesos de aprendizaje. Según lo mencionado más arriba, el desarrollo tiene lugar necesariamente "de afuera hacia adentro" y la idea de promoción del desarrollo se refiere a su fuente primaria y a la línea de su recorrido en la cultura donde el individuo se encuentra inserto, y no hay necesidad de efectuar una interferencia artificial en una trayectoria que esté de algún modo desajustada en relación con lo que se espera del individuo.

El comentario de las cuestiones relativas al desarrollo humano en la sociedad letrada y la importancia de la escuela como agente educativo privilegiado en ese tipo de sociedad hacen surgir también el problema de *la especificidad del conocimiento escolar*. Según lo expuesto más arriba, la escuela trabaja explícita y sistemáticamente con la lengua escrita y con el conocimiento científico, actuando en una esfera de desarrollo que sugiere discontinuidad en relación con lo cotidiano. La cuestión polémica sería: ¿existe o no ruptura entre la cultura letrada y la iletrada, entre conocimiento científico y no científico, entre lo que pasa en la escuela y lo que ocurre fuera de ella? ¿O sea que el desarrollo humano, vinculado a las diferentes prácticas culturales, presentaría un camino continuo, donde se encadenan diferentes conquistas en una especie de apacible desarrollo de un proceso homogéneo, en el que los diversos tipos de desempeño son equivalentes, o habría cambios bruscos, saltos, puntos de viraje, que definirían estados de desarrollo cualitativamente diferentes entre sí?

Esa contraposición parece estar en la médula de los abordajes genéticos y sigue siendo un tema central para todos los que realmente se interesan por la cuestión del desarrollo. Como una discusión suficientemente amplia y profunda de las muchas dimensiones del tema excede las posibilidades del presente texto, nos limitaremos a resumir brevemente los principales elementos de las postulaciones de Vigotsky sobre el tema. Este autor propone claramente la existencia, en la filogénesis, de una transformación radical que distingue los primates de los seres humanos, cuando surge el lenguaje asociado a actividades de trabajo en la historia de la especie:

> Precisamente la ausencia de por lo menos los rudimentos del habla, en el sentido más amplio del término –la falta de capacidad de hacer un signo o introducir algunos medios psicológicos auxiliares que en todas partes marcan el comportamiento y la cultura del hombre– traza la línea entre el primate y el ser humano más primitivo [...]; aunque el primate demuestre capacidad de inventar y utilizar instrumentos –el requisito de desarrollo cultural humano–, la actividad del trabajo, fundada en esa capacidad, aún no la tiene mínimamente desarrollada. El uso de instrumentos en ausencia del trabajo es lo que al mismo tiempo aproxima y separa el comportamiento del hombre y del primate (Vigotsky y Luria, 1993, págs. 73-4).

En la ontogénesis, esa transformación cualitativa también ocurre, según Vigotsky, cuando el niño adquiere el lenguaje y su funcionamiento psicológico pasa a estar íntimamente vinculado a los signos.

Una vez establecida la peculiaridad de la especie humana en relación con otras especies animales, surgen nuevas diferenciaciones a lo largo de la historia cultural de los diversos grupos humanos, señaladas por la creación de herramientas semióticas que permitirán diferentes modalidades de intervención simbólica en el mundo exterior y en el propio comportamiento del hombre.

> Así, a partir del momento de su transición hacia el trabajo como forma básica de adaptación, el desarrollo humano consiste en la historia del perfeccionamiento de sus órganos artificiales "a pesar de la *Biblia*" esto es, no en la línea de perfeccionamiento de órganos naturales sino en la línea de perfeccionamiento de instrumentos artificiales.
>
> Del mismo modo, en el área de desarrollo psicológico del hombre a partir del momento de adquisición y uso de signos, que permiten que gane control sobre su propio proceso conductual, la historia del desarrollo del comportamiento se transforma, en un grado significativo, en la historia del desarrollo de "medios de comportamiento" artificiales, auxiliares; en la historia del poder del hombre sobre su propio comportamiento (Vigotsky y Luria, 1993, pág. 77).

Conquistas como la escritura, los conceptos científicos, las teorías, por su carácter de mediadores semióticos entre sujeto y objeto del conocimiento, podrían ser postuladas como posibles promotoras de nuevas transformaciones radicales en el hombre, de nuevas rupturas. Refiriéndonos a la cuestión específica de la posible ruptura entre conceptos científicos y no científicos, podríamos afirmar que para Vigotsky existen, en efecto, discontinuidades en el desarrollo:

> Los grupos culturales que no disponen de la ciencia como forma de construcción del conocimiento no tienen, por definición, acceso a los llamados conceptos científicos. De este modo, el funcionamiento intelectual de los miembros de esos grupos culturales estaría basado en conceptos espontáneos, generados en situaciones concretas y experiencias personales. Su proceso de formación de conceptos no incluye, pues, la actitud mediatizada y la actividad metacognitiva típicas de una exposición sistemática al conocimiento estructurado de la ciencia. Las diferencias cualitativas en el modo de pensamiento entre individuos provenientes de diferentes grupos culturales estarían basadas, así, en el instrumental psicológico que surge del modo de organización de cada grupo (Oliveira, 1992, pág. 33).

Es importante destacar que la discontinuidad, en Vigotsky, no significa una simple sucesión o yuxtaposición de momentos genéticos estancos. Al contrario, en varios puntos de su obra, Vigotsky combina la postulación de una ruptura con la de una síntesis, generadora de una nueva condición. De ese modo, las trayectorias independientes del pensamiento y del lenguaje en un determinado momento se unen y dan origen al pensamiento verbal típicamente humano; la génesis del establecimiento de vínculos y relaciones, por un lado, y la génesis de análisis y abstracción, por otro, se unen para permitir la emergencia del último estadio del proceso de formación de conceptos. Del mismo modo, los conceptos espontáneos y científicos se desarrollan inicialmente en direcciones contrarias, pero terminan encontrándose, permitiendo el enraizamiento de los conceptos científicos en la experiencia y la estructuración de los conceptos espontáneos en sistemas. Este abordaje no lineal, discontinuo, está plenamente de acuerdo con las raíces teórico-metodológicas del abordaje de Vigotsky: ruptura, contradicción y síntesis dialéctica se encuentran en la base del pensamiento marxista que orienta la producción vigostskiana. Un párrafo que escribió a propósito de otro tema muestra esa orientación:

> Nuestro sistema nervioso se parece [...] a las puertas angostas de un gran edificio, en dirección a las cuales una multitud se lanza en un momento de pánico; por las puertas pueden pasar unas pocas personas: las que tengan la felicidad de cruzarlas serán un número reducido entre los millares que perecerán pisoteadas. Eso refleja más aproximadamente el *carácter catastrófico* de la lucha del proceso dinámico y dialéctico entre el mundo y el hombre, y en el interior de éste, que se denomina comportamiento (Vigotsky, 1982, pág. 48; la bastardilla es mía).

En relación con el tema de la especificidad del conocimiento escolar, merece abordarse un último tema polémico: ¿qué sucede con el *lugar de la escuela* como institución privilegiada en la promoción del desarrollo psicológico de niños y jóvenes de las sociedades letradas de hoy, *dados la marcada presencia de los medios de comunicación de masas y el creciente desarrollo de la informática*? La cuestión está en si aún hay conocimientos que sólo la escuela puede transmitir o si, por el contrario, esos nuevos medios podrían ser, de alguna manera, sus sustitutos. Esto es, ¿esos medios producen y transmiten, de una forma novedosa, informaciones y modos de pensamiento con los cuales la escuela ya trabajaba, o posibilitan nuevas modalidades de construcción del conocimiento, de naturaleza diferente de las de aquellas que ofrece la escuela?

Una discusión profunda del tema excede, obviamente, la propuesta de este artículo. Pero al menos debemos destacar que, sean o no incorporados por la escuela esos nuevos artefactos tecnológicos, sean o no considerados como agentes educativos independientes, valorizados o no en su especificidad, la cuestión que surge para el teórico del desarrollo es: ¿cómo se produce el desarrollo humano en culturas letradas, masificadas e informatizadas, en las cuales conviven, por un lado, las relaciones informales, cotidianas, en las que predominan las acciones y la palabra oral, y por otro, la escritura, la ciencia y la escuela, como instituciones ya consolidadas y valorizadas por la cultura dominante, agregadas ahora la prensa masiva, la radio, la televisión y la computadora como artefactos culturales relativamente recientes, aún sujetos a la sobrevalorización de diferentes subgrupos en el interior de la sociedad?

Algunas palabras de Vigotsky, aunque no específicamente referidas a esa cuestión, proporcionan indicios acerca de cómo articular una reflexión sobre ese tema de forma coherente con su teoría:

> Cualquier estudio verdaderamente serio nos remite, por cierto, a la realidad de la unidad y la indivisibilidad de la forma y el contenido, esto es, estructura y función, y muestra cómo cualquier avance en el ámbito del desarrollo del contenido del pensamiento está inextricablemente unido a la adquisición de nuevos mecanismos de comportamiento y la elevación de las operaciones intelectuales hacia un nuevo aprendizaje.
>
> Ciertos contenidos sólo pueden representarse adecuadamente con la ayuda de ciertas formas. El contenido de nuestros sueños, por ejemplo, no puede expresarse adecuadamente como pensamiento lógico o con conexiones y actitudes lógicas, y está inseparablemente unido a formas de pensar arcaicas, remotas, primitivas. Y lo opuesto también es verdadero: el contenido de una u otra ciencia, la adopción de un sistema complejo, por ejemplo, el dominio del álgebra moderna, no propone el simple uso de las mismas formas que ya existen en un niño de tres años; ese nuevo contenido no puede comenzar a existir sin nuevas formas (Van der Veer y Valsiner, 1994, pág. 193-4).

La estrecha relación entre forma y contenido postulada por Vigotsky propone prestar una especial atención a las diferentes instancias de la vida cultural: en cuanto instrumentos de naturaleza simbólica, esos medios de comunicación e información son potenciales mediadores de las relaciones entre sujeto y objeto de conocimiento, y por lo tanto posibles elementos constitutivos de las modalidades de funcionamiento psicológico de los miembros de esas sociedades. Para los seres humanos, en cuanto usuarios del lenguaje natural, es relevante postular relaciones entre pensamiento y lenguaje; cuando los grupos humanos se vuelven letrados pasamos a reflexionar también sobre las consecuencias psicológicas de la invención de la escritura y los efectos de la alfabetización. Para alcanzar pleno conocimiento de los miembros de las culturas masificadas e informatizadas tenemos que comprender los efectos de esos nuevos artefactos simbólicos en la constitución de su psicología.

La discusión de este último tema dirige nuestra atención a la necesidad de una constante recontextualización de las teorías y la reinterpretación de sus postulados a la luz de las transformaciones culturales que enfrentan el desarrollo humano con cuestiones siempre nuevas. Esto es especialmente válido cuando hablamos del punto de vista de un autor como Vigotsky, que toma la historicidad del hombre como presupuesto básico de su elaboración teórica.

REFERENCIAS BIBLIOGRÁFICAS

Ferreiro, E.: "Luria e o desenvolvimento da escrita na criança", *Cadernos de Pesquisa,* 88:72-77, febrero de 1994.
Luria, A. R.: "O desenvolvimento da escrita na criança", en L. S. Vigotsky et al., *Linguagem, desenvolvimento e aprendizagem,* San Pablo, Icone/EDUSP, 1988.
Oliveira, M. K. de: "Vigotsky: alguns equívocos na interpretação de seu pensamento", *Cadernos de Pesquisa,* 81:67-74, mayo de 1992 (a).
—: "Vigotsky e o processo de formação de conceitos", en La Taille et al., *Piaget, Vigotsky, Wallon: teorias psicogenéticas em discussão,* San Pablo, Summus, 1992 (b).
—: *Vigotsky aprendizado e desenvolvimento, um processo sóciohistórico,* San Pablo, Ed. Scipione, 1993.
Rieber, R. W. y Carton, A. S.: *The collected works of L. S. Vigotsky - Volume 1 - Problems of General Psychology,* Nueva York, Plenum Press, 1987.
Rocco, M. T. F.: "Acesso ao mundo da escrita: os caminhos paralelos de Luria e Ferreiro", *Cadernos de Pesquisa,* 75:25-33, noviembre de 1990.
Santos, M. G. A. B.: *O grafismo infantil: processos e perspectivas,*

San Pablo, Faculdade de Educação da Universidade de São Paulo, 1992 (disertación de maestría).
Valsiner, J.: *Developmental psychology in the Soviet Union,* Sussex, The Harvester Press, 1988.
Van der Veer, R. y Valsiner, J.: *Understanding Vigotsky: a quest for synthesis,* Oxford, Basil Blackwell, 1991.
— (comps.): *The Vigotsky Reader,* Cambridge, Blackwell, 1994.
Vigotsky, L. S.: "La conciencia como problema de la psicología del comportamiento", en *Obras escogidas* (tomo I), Madrid, Centro de Publicaciones del MEC/Visor, 1991.
—: *A formação social da mente,* San Pablo, Martins Fontes, 1984.
—: *Pensamento e linguagem,* San Pablo, Martins Fontes, 1989.
Vigotsky, L. S. y Luria, A. R.: *Studies on the history of behavior: ape, primitive and child,* Hillsdale, New Jersey, Lawrence Erlbaum Associates, 1993.
Wetsch, J. V.: *Vigotsky y la formación social de la mente,* Barcelona, Paidós, 1988.

LA ENSEÑANZA Y EL APRENDIZAJE ESCOLAR. ALEGATO CONTRA UNA FALSA OPOSICIÓN

Delia Lerner

> *Richard Evans:* En los Estados Unidos, sus trabajos atraen cada vez más la atención de los educadores, sobre todo de los que se ocupan de la educación primaria. En varias obras recientes, se intentó aplicar sus trabajos a los problemas que encuentran los maestros [...] ¿Considera usted que esta orientación es deseable? ¿Su obra es aplicable a una situación concreta, en el aula, por ejemplo?
>
> *Jean Piaget:* Estoy convencido de que nuestros trabajos pueden prestar servicios a la educación, en la medida en que van más allá de una teoría del aprendizaje y hacen entrever otros métodos de adquisición de los conocimientos. Esto es esencial. Pero como no soy pedagogo, no puedo dar ningún consejo a los educadores. Todo lo que yo puedo hacer es suministrar hechos. Además, pienso que los educadores están en condiciones de encontrar por sí mismos nuevos métodos pedagógicos.
>
> *R.E.:* ¿No está preocupado al ver que algunas personas que no han asimilado bien sus ideas han pasado demasiado rápidamente a aplicarlas?
>
> *J.P.:* Por supuesto, es un gran peligro. Realmente tengo la impresión de que muy poca gente me ha comprendido.
> [...]
> *R.E.:* ¿Usted desearía que la enseñanza, sobre todo cuando se trata de niños pequeños, permita más al niño ser el maestro de su propio comportamiento y de sus experiencias, incidir en los programas, darle más libertad de desarrollo individual a su propio nivel?
>
> *J.P.:* Sí, pero es importante que los maestros propongan a los niños materiales, situaciones y ocasiones que les permitan progresar.

> No se trata de dejar que los niños hagan todo lo que quieran. Se trata de ponerlos frente a situaciones que planteen nuevos problemas y de encadenar estas situaciones unas a otras. Hay que saber dirigirlos al mismo tiempo que se los deja libres.
>
> <div align="right">Extraído de <i>Piaget. Mes idées,</i> entrevista a Jean Piaget, de Richard Evans, París, Denoël/ Gonthier, 1977.</div>
>
> "Hay sin duda muchas maneras de pensarse piagetiano, pero me parece que puede trazarse una línea de demarcación bastante clara entre los trabajos sobre la enseñanza que se ubican en una concepción 'aplicacionista' de la psicología genética (o más en general, hoy en día, de la psicología cognitiva) y los que utilizan estas ciencias de referencia –sobre todo sus métodos– insertándolas en una problemática y un conjunto de cuestiones *que exigen un cuerpo teórico original*, tal como ocurre en el caso de la Didáctica de las matemáticas."
>
> <div align="right">Extraído de Jean Brun, "Evolución de las relaciones entre la Psicología del desarrollo cognitivo y la Didáctica de las Matemáticas", en <i>Vingt ans de Didactique des Mathématiques en France,</i> París, La Pensée Sauvage Editions, 1994.</div>

Una moda recorre algunos ámbitos educativos: oponer –considerándolos antagónicos– el enfoque didáctico "piagetiano" y el enfoque didáctico "vigotskyano". La oposición se plantea aproximadamente en estos términos: los "piagetianos" ponen en primer plano el desarrollo operatorio o el funcionamiento cognitivo general, en tanto que los "vigotskyanos" se centran en la transmisión de los contenidos escolares, es decir, de los saberes culturales. Mientras que los primeros enfatizan la producción individual del conocimiento, los segundos adjudican una gran importancia a la construcción social; los primeros minimizan la intervención docente, en tanto que los segundos consideran que esa intervención es fundamental para el aprendizaje.

No logramos reconocernos en el retrato de los educadores "piagetianos" que resulta de esta contraposición. Es imposible reconocer en esa imagen deformada el reflejo de las experiencias e investigaciones didácticas que se realizaron en el campo de la enseñanza de la lectura y la escritura a partir del momento en que los trabajos de Ferreiro y sus colaboradores develaron la psicogénesis del sistema de escritura (Ferreiro y Teberosky, 1979), experiencias que tomaron en cuenta no sólo estos aportes sino también contribuciones más generales de la epistemología genética que resultan esenciales para el trabajo didáctico.[1]

Intentaré entonces mostrar que, en el plano didáctico es posible ser "piagetiano" y al mismo tiempo tomar como eje la comunicación de los saberes culturales, poner en primer plano la construcción social del conocimiento y asignar un rol fundamental a la intervención del docente en esa construcción.

Al abordar la primera cuestión –el lugar asignado a los saberes culturales que se han constituido como contenidos escolares–, será necesario esclarecer en primer término la concepción que se tiene de la vinculación entre Psicología y Didáctica, ya que esta concepción determina cuáles son las cuestiones que se toman como eje del proceso didáctico. Las consideraciones que aquí se harán en este sentido están basadas en el aporte realizado por la Didáctica de la Matemática para clarificar las relaciones entre Didáctica y Psicología.

En cuanto al segundo punto, las consideraciones de Piaget en relación con los factores sociales del desarrollo intelectual, los trabajos realizados en Psicología social Genética y nuestras propias experiencias en Didáctica de la lectura y la escritura serán suficientes para mostrar que la construcción social del conocimiento es uno de los pilares del modelo didáctico que intentamos poner en acción.

---

1. Son también de esencial importancia para estas experiencias los aportes de la Lingüística que hacen posible comprender el objeto de conocimiento con el cual maestro y alumnos trabajan, así como las contribuciones de la Psicolingüística que permitieron redefinir la naturaleza del acto de lectura y del acto de escritura. Dado el tema de este artículo, aludiremos aquí sólo a las implicaciones de los aportes vinculados a la teoría psicogenética.

Finalmente, analizaremos la especificidad de la situación didáctica –incorporando el aporte fundamental de la Didáctica de la Matemática en tal sentido–, explicitaremos nuestra concepción de la enseñanza y reflexionaremos sobre la historia de la conceptualización de la intervención docente en el marco de nuestros trabajos, para mostrar el lugar fundamental, difícil e irrenunciable, que la didáctica constructivista asigna al maestro.

1. La comunicación de los saberes culturales
(autonomía de la didáctica *versus* "aplicacionismo")

¿Cómo se pasa de un estado de menor conocimiento a un estado de mayor conocimiento? Pregunta epistemológica fundamental, que ha dado origen a la Psicología Genética.

¿Cómo lograr que los alumnos pasen de un estado de menor conocimiento a un estado de mayor conocimiento en relación con cada uno de los contenidos que se enseñan en la escuela? Pregunta clave, que se sitúa en el centro de las preocupaciones de la Didáctica constructivista.

Las dos preguntas se parecen: ambas están vinculadas a la producción del conocimiento. Son, sin embargo, preguntas diferentes: la primera se orienta hacia la comprensión del desarrollo cognoscitivo, la segunda hacia el análisis del aprendizaje sistemático; la primera dirige la indagación hacia el sujeto cognoscente que interactúa con el medio físico y social, la segunda hace entrar en escena al alumno, a ese niño que –al estar "sujeto" al orden de la institución escolar (Chevallard, 1992)– se convierte en sujeto didáctico.

Como se trata de cuestiones diferentes, las respuestas construidas por Piaget y sus colaboradores frente a un interrogante epistemológico no son directamente aplicables a la problemática didáctica. Esta imposibilidad de aplicación directa es sostenida por Piaget mismo (1969), quien, después de hacer notar la gran complejidad de los problemas pedagógicos y de aludir a las limitaciones de la psicología y la sociología para contribuir a resolverlos, señala:

Por ello, desde hace décadas, bajo el nombre de "pedagogía experimental" se ha constituido una disciplina especializada en el estudio de tales problemas. La pedagogía experimental sólo se ocupa del desarrollo y los resultados de procesos propiamente pedagógicos, lo que no significa, como veremos, que la psicología no constituya una referencia necesaria, pero sí que *los problemas planteados son otros y conciernen menos a los caracteres generales y espontáneos del niño y de su inteligencia que a su modificación por el proceso en cuestión*. [...] De aquí resulta que los progresos de la pedagogía experimental, *en tanto ciencia independiente por su objeto,* están ligados, como en todas las ciencias, a investigaciones interdisciplinarias. (La cursiva me pertenece.)

Estas ideas reaparecen en otras obras. Es así como en *El criterio moral en el niño* (1974b), Piaget señala que "la pedagogía dista mucho de ser una simple aplicación del saber psicológico" e ilustra esta afirmación con un ejemplo concreto: haber comprobado, a través de la investigación psicogenética, que la cooperación en el juego o en la vida social espontánea de los niños provoca determinados efectos en la construcción de la moral no es suficiente para establecer que la cooperación puede ser generalizada como procedimiento educativo. "Sobre este último punto –agrega– la única competente es la pedagogía experimental."

Sin embargo, algunas interpretaciones educativas de la teoría piagetiana han considerado posible deducir de la Psicología Genética consecuencias inmediatas para la práctica en el aula. Es lo que ocurre, por ejemplo, cuando se propone el desarrollo operatorio como objetivo (e incluso como contenido) de la educación:

La conceptualización piagetiana de la experiencia y la abstracción –sostiene C. Kamii (1981a)– suministra al maestro pautas para tomar en el aula decisiones *inmediatas* destinadas a desarrollar la inteligencia infantil. [...] El lenguaje y la importancia de alentar a los niños a decir exactamente lo que piensan asumen un lugar relevante. Porque a menos que ellos nos digan lo que piensan, no podemos percibir los datos que son esenciales para *una enseñanza basada en el diagnóstico del desarrollo infantil*. (La cursiva me pertenece.)

Esta autora supone, además, que el desarrollo operatorio permite por sí mismo acceder a cualquier dominio del saber, aun cuando no se hayan elaborado conocimientos previos específicos en ese campo:

> Si el niño posee una red cognoscitiva más elaborada –señala Kamii en otro artículo (1981b)– puede aplicarla a casi todos los problemas concebibles en materias tan diversas como física, química, historia y geometría. Cuando tiene estructuras cognoscitivas bien elaboradas, el niño puede llegar a la respuesta correcta para una variedad de preguntas por una obvia necesidad lógica.

Brun (1994) hace notar que la posición "aplicacionista" se hizo presente también en relación con los trabajos piagetianos posteriores a los años setenta: cuando el acento se desplaza hacia el estudio del funcionamiento cognitivo, comienzan a aparecer transferencias de estos trabajos a la enseñanza que dejan de lado los aspectos estructurales y se centran en "el 'aprendizaje' de los mecanismos operatorios mismos (conflicto cognitivo, abstracción reflexionante, equilibración), independientemente de todo contenido específico".

Ahora bien, el menosprecio hacia los contenidos escolares está muy lejos de ser compartido por todas las concepciones didácticas vinculadas a la teoría psicogenética. Muy por el contrario, otros autores –además de los representantes de la Didáctica de la Matemática francesa y de nosotros mismos– consideran que los contenidos constituyen el eje de la actividad de la escuela. Pérez Gómez (1982) –por ejemplo– señala:

> Ni en la realidad ni en la mente existen contenidos sin estructura, ni estructuras vacías de contenido. Como afirma Piaget, las estructuras se construyen estructurando lo real. Por lo tanto, el aprendizaje, para ser significativo y provocar desarrollo, requiere trabajar con contenidos relevantes. [...] En un modelo didáctico que propone la investigación como método de aprendizaje; conforme a las aportaciones piagetianas, los contenidos desempeñan un papel importante, pero dentro de una orientación particular. No son sólo conjuntos de información sobre la realidad física, biológica o psicosocial que se

acumulan en la memoria; son sistemas teóricos de interpretación, explicación y predicción que poseen una lógica interna con diferentes grados de complejidad y que no se pueden asimilar sin aprehender su lógica, el modelo de relaciones que configura la estructura de cualquier disciplina.[2]

Piaget (1974 a), por su parte, estaba tan convencido de que la misión de la escuela es comunicar el saber científico y los productos culturales en general, que lamentaba no poder aportar datos psicológicos útiles para la enseñanza de los diferentes saberes específicos e incitaba a avanzar en ese sentido:

> Por otro lado, si bien empezamos a conocer los niveles de formación de las operaciones logicomatemáticas o de la causalidad en el espíritu de los alumnos en sus manifestaciones parcialmente espontáneas, no disponemos o no disponemos todavía de conocimientos comparables en cuanto a los mecanismos constitutivos que generan las estructuras lingüísticas o que dominan la comprensión de los hechos históricos. Desde el punto de vista de la investigación psicopedagógica hay, pues, aquí una serie de problemas que siguen abiertos [...].

No es extraño entonces que se hayan realizado más tarde investigaciones psicogenéticas que –como las de Ferreiro sobre el proceso de apropiación del sistema de escritura (1979 en adelante) y las de Vergnaud (1983 y 1991) sobre la reconstrucción de las estructuras aditivas y multiplicativas– se refieren específicamente a saberes tradicionalmente seleccionados como contenidos escolares.

Por otra parte, las posturas didácticas "aplicacionistas", que convierten el desarrollo de las estructuras intelectuales o el funciona-

---

2. Curiosamente, en una obra reciente, Pérez Gómez (1992) parece haber cambiado de posición: afirma que una de "las derivaciones más importantes que se alimentan en los planteamientos piagetianos es que la enseñanza debe centrarse en el desarrollo de capacidades formales, operativas, y no en la transmisión de contenidos" y supone que para pasar de la "didáctica operatoria" a la "reconstrucción de la cultura en el aula" hay que pasar de la teoría de Piaget a la teoría de Vigotsky.

miento cognoscitivo en objetivos o en contenidos de la educación, han sido reiteradamente criticadas desde el seno mismo de la concepción piagetiana (Brun, 1979; Kuhn, 1981; Ducworth, 1981; Coll, 1983; Brun, 1994), tanto porque desvirtúan el sentido de las investigaciones psicogenéticas como porque desconocen la naturaleza de la institución escolar.

Brun señala –en el primer artículo citado– que, al deducir de la Psicología los objetivos educativos, se olvida que la escuela está inserta en una sociedad y que sólo de la realidad social pueden emanar las finalidades de la educación.

La institución escolar ha sido creada para cumplir una función: la de comunicar a las nuevas generaciones los saberes socialmente producidos, aquellos que son considerados –en un momento histórico determinado– como válidos y relevantes. La comunicación de los contenidos escolares –de esos aspectos del saber que han sido seleccionados como "saber a enseñar"– da lugar a la relación didáctica, a esa relación ternaria que se establece entre el maestro, los alumnos y el saber.

El conocimiento didáctico no puede entonces deducirse directamente de los aportes de la psicología. Al estudiar la situación didáctica, es necesario tomar en consideración no sólo la naturaleza del proceso cognoscitivo del niño, sino también la naturaleza del saber que se está intentando comunicar y la acción que ejerce el maestro para garantizar la comunicación de ese saber, para cumplir con la función social que le ha sido encomendada y que lo hace responsable del aprendizaje de sus alumnos.

Por otra parte, el análisis didáctico no puede limitarse a considerar por separado al alumno, al maestro y al saber, sino que debe abarcar el conjunto de las interacciones entre ellos.

Al ingresar en la relación didáctica, los tres términos que la constituyen se modifican: el niño se transforma en alumno, el saber científicamente producido se transforma en "saber a enseñar" y luego en "saber enseñado" (Chevallard, 1985), el adulto se transforma en maestro. Las relaciones que maestro y alumnos mantienen con el saber están institucionalmente marcadas. El contrato didáctico (Brousseau, 1986) –un contrato implícito que sólo se hace notar cuando es transgredido, que preexiste a los contratantes, que es específico de cada contenido, que está sujeto a renegociaciones y reelaboraciones– regula las relaciones que maestro y alumnos mantienen con el saber, establece los derechos y obligaciones de unos y otros en relación con cada contenido. En este sentido, lo que se sabe sobre el sujeto cognoscente no siempre es aplicable de forma directa a las acciones o respuestas del alumno, ya que en muchos casos ellas sólo son explicables recurriendo a las pautas del contrato didáctico (Chevallard, s/f y 1992).

Al justificar la existencia de la Didáctica de la Matemática como ciencia autónoma, que tiene un objeto de estudio propio –la comunicación del saber matemático y de las modificaciones que esa comunicación produce en los participantes y en el saber mismo– Brousseau (1986) señala:

> Esta posición opera una inversión en relación con la tendencia clásica, que consiste en estudiar independientemente los subsistemas del sistema didáctico (el sujeto que aprende, el docente, el saber) y luego intentar derivar de estos estudios comportamientos educativos. El enfoque clásico consiste entonces en extraer consecuencias para la enseñanza a partir de esos saberes previos (de la Psicología, la Matemática, la Epistemología) y esas consecuencias se extraen directamente, apoyándose solamente en reflexiones "ingenuas".

Brousseau afirma luego que es a partir de los problemas planteados por la comunicación del saber –los problemas didácticos– como se hace posible articular los conocimientos provenientes de otras ciencias, y agrega: "Una segunda hipótesis, más fuerte, consiste en sostener que el estudio primario de las situaciones (didácticas) debería permitir construir los conceptos necesarios o modificar los que actualmente se importan de otros campos científicos".

En este mismo sentido, Schubauer Leoni (1986) señala que el riesgo del enfoque "aplicacionista" consiste en que la problemática de la investigación se define en el interior (y según los fines) de la disciplina considerada "de base" –la Psicología o la ciencia que estudia el objeto en cuestión–, lo cual resulta ineficaz desde el punto de vista didáctico porque lleva a reducir la problemática educativa a las preocupaciones de las ciencias de referencia. Por otra parte, critica la concepción tradicional que reserva la investigación fundamental para resolver problemas teóricos, en tanto que los problemas prácticos sólo son abordados a través de investigaciones "aplicadas". El resultado de este enfoque es la ausencia de investigación fundamental sobre las prácticas sociales, es decir, sobre los problemas que revisten mayor complejidad. Sostiene entonces la necesidad de que la investigación educativa abarque –como ya ocurre en Didáctica de la Matemática– dos grandes categorías de trabajos que deben articularse dialécticamente: los que pretenden una *comprensión fundamental* de la práctica de la enseñanza y de los procesos educativos en su conjunto y los que están pensados en términos de "ingeniería didáctica", es decir como estudios de proyectos de enseñanza, como soluciones –particulares y provisionales– a los problemas planteados por la enseñanza. "Este doble movimiento de investigación parece permitir –sostiene esta autora– una articulación más fructífera entre los diferentes trabajos en el campo escolar que la inspirada en la dicotomía fundamental-aplicada."

La investigación fundamental sobre la práctica de la enseñanza, el análisis riguroso del desarrollo de los proyectos de enseñanza y la articulación de los conocimientos provenientes de ambas fuentes harán posible configurar un cuerpo de conocimientos didácticos específicos para cada rama del saber. Se construirá así la teoría didáctica, ese eslabón perdido que es necesario incluir en la relación entre la teoría psicológica y la práctica de la enseñanza.

En efecto, cuando se habla de la relación entre teoría y práctica, es frecuente que se esté pensando en la "teoría psicológica" y la "práctica didáctica". Es por supuesto imposible pasar directamente de una a otra. La teoría psicológica alimenta la práctica psicológica y también se nutre de ella. La práctica didáctica sólo puede sostener una relación dialéctica de este tipo con la teoría didáctica, los problemas que plantea la enseñanza de cada contenido particular[3] sólo pueden ser resueltos a través de investigaciones didácticas.

---

3. En el caso de la enseñanza de la lectura y la escritura, un ejemplo de este tipo de problemas que sólo pueden ser resueltos por la investigación didáctica –y

Ahora bien, aunque hemos insistido hasta aquí en la diferenciación que debe establecerse entre psicología y didáctica, no debemos olvidar que la didáctica no puede prescindir de la psicología, ya que ésta le suministra conocimientos fundamentales sobre el sujeto que aprende. Tampoco podemos olvidar que entre las dos preguntas que formuláramos al principio de este punto no sólo existen diferencias, sino también una semejanza fundamental: ambas se refieren a la producción del conocimiento.

En este sentido, Brun (1994) señala que las interpretaciones "aplicacionistas" se han producido probablemente no sólo porque los representantes de esta posición no se preguntaron sobre las diferencias entre el objeto de estudio de la Didáctica y el de la Psicología, sino además "a causa de la proximidad de las preocupaciones que se refieren a la transformación de los conocimientos en *un sujeto* y en *un alumno*". La Didáctica es también –Brun lo señala en relación con la Didáctica de la Matemática; nosotros creemos que la afirmación es igualmente válida para la Didáctica de la lectura y la escritura– un intento de responder a preguntas relativas a la transformación de los conocimientos, pero se trata en este caso de una transformación que tiende hacia la adquisición de saberes específicos que han sido culturalmente producidos y cuya comunicación es responsabilidad de la institución escolar.

2. La construcción social del conocimiento

Ha sido grande nuestra sorpresa al encontrar en un excelente libro de César Coll (1990) frases como la siguiente:

no por la investigación psicológica o lingüística– sería el siguiente: aun cuando se lleve a cabo un fuerte trabajo de producción escrita en el marco de auténticas situaciones de comunicación y se realicen múltiples intervenciones dirigidas a valorar la revisión de los textos producidos, resulta difícil que los alumnos tomen la iniciativa de revisar y corregir sus producciones escritas. ¿Por qué ocurre esto? ¿Qué relación tiene con el hecho de que la corrección sea tradicionalmente –en el contrato didáctico vinculado a la escritura– una función exclusiva del maestro? ¿Qué estrategias didácticas utilizar para que los alumnos asuman en forma autónoma la corrección de sus producciones?

Así, en la mayoría de las aplicaciones pedagógicas de base piagetiana, el alumno es percibido como un ser socialmente aislado que debe descubrir por sí solo las propiedades de los objetos e incluso de sus propias acciones, viéndose privado de toda ayuda o soporte que tenga su origen en otros seres humanos. La centración casi exclusiva en las interacciones entre el alumno y un medio esencialmente físico lleva aparejado un menosprecio por las interacciones del alumno con su medio social y, por supuesto, de los posibles efectos de estas últimas sobre la adquisición del conocimiento.

Esta afirmación contrasta notablemente con las formuladas en el marco de las experiencias didácticas constructivistas que vienen desarrollándose desde hace alrededor de quince años en el ámbito de la lengua escrita. En efecto, en estas experiencias se asigna un papel primordial a la interacción social, papel que se pone de relieve desde los primeros trabajos publicados.

Es así como Ana Teberosky (1982) –en un artículo cuyo título mismo muestra la importancia acordada a la construcción social de la escritura– afirma:

> Como ya hemos señalado (Ferreiro y Teberosky, 1979), los conocimientos infantiles responden a un doble origen, determinado por las posibilidades de asimilación del sujeto y por las informaciones específicas provistas por el medio. Podemos hacer la hipótesis de que, en un contexto de socialización, ambos factores se ven favorecidos. En el primer caso, por la posibilidad de confrontar con los otros las propias conceptualizaciones, y en el segundo, porque los mismos niños pueden jugar el papel de informantes sobre los aspectos convencionales del sistema. Esta interacción constituye una fuente de conflictos, puesto que los niños utilizan sus propias hipótesis para asimilar la información del medio y las ponen a prueba al confrontarlas con las hipótesis de otros, no siempre idénticas a las suyas.

Señala, además, que las informaciones que se intercambian en clase se refieren en algunos casos a propiedades observables en el objeto mismo y en otros a propiedades que –como la dirección de la escritura– no aparecen en el objeto y sólo pueden hacerse presentes gracias a la mediación del maestro.

Las experiencias didácticas realizadas desde esta perspectiva en América latina otorgan también desde un comienzo un lugar central a la elaboración cooperativa del conocimiento sobre la lengua escrita. De este modo, se postula como un principio pedagógico fundamental "propiciar permanentemente la cooperación entre los niños, dado que la confrontación entre distintas hipótesis y conocimientos específicos desempeña un papel preponderante en el desarrollo del proceso" (Lerner D. y otros, 1982) y se subraya la fecundidad de los intercambios que se producen entre los alumnos, sobre todo cuando trabajan en pequeños grupos (Kaufman, A.M. y otros, 1982).

Ahora bien, la prioridad acordada a la interacción social en la actividad escolar no es exclusiva de nuestros trabajos. Éstos forman parte, por el contrario, de una tradición que tiene su origen en el propio Piaget. Al releer las obras en que alude a la educación, se constata que preconizaba el trabajo grupal en la escuela. En efecto, Piaget (1969) afirma que la cooperación entre los niños es tan importante para el progreso del conocimiento como la acción de los adultos, y que las situaciones de discusión entre pares, por permitir un verdadero intercambio de puntos de vista, resultan insustituibles como medio para favorecer la formación del espíritu crítico y de un pensamiento cada vez más objetivo. Son estas mismas razones las que lo llevan a señalar en otra obra (1974a):

> Así, pues, si tuviéramos que elegir entre el conjunto de sistemas pedagógicos actuales los que correspondieran mejor a nuestros resultados psicológicos, intentaríamos orientar nuestro método hacia lo que se ha llamado "el trabajo en grupos" [...] [En] la escuela tradicional [...] la clase escucha en común, pero cada escolar escucha sus deberes para sí mismo. Este procedimiento [...] es contrario a las exigencias más claras del desarrollo intelectual y moral. El método de trabajo en grupo reacciona contra este estado de cosas: la cooperación se eleva a la categoría de factor esencial del progreso intelectual.

La construcción social del conocimiento ocupa también un lugar relevante en la propuesta de H. Aebli (1965), quien insiste en la necesidad de instaurar el trabajo cooperativo desde los primeros años de la escolaridad. De este modo, sería posible evitar los defectos que él considera característicos de la escuela tradicional, ya que, al verse constantemente obligados a tomar en cuenta puntos de vista diferentes del suyo, los alumnos tendrían pocas posibilidades de formar hábitos intelectuales rígidos y estereotipados.

Y si estos hábitos tendieran, a pesar de todo, a formarse en alguno de los alumnos –agrega este autor– es fácil imaginar cómo esos marcos rígidos serían quebrados por el choque con el pensamiento de los otros. Si la cooperación social es uno de los principales agentes formadores en la génesis espontánea del pensamiento infantil, es una necesidad imperativa para la enseñanza moderna sacar partido de ese hecho acordando en los programas escolares un lugar importante a las actividades socializadas.

Si bien no negamos que existan interpretaciones pedagógicas "individualistas" de la teoría piagetiana, es indudable que estas interpretaciones no se cuentan entre las que han tenido mayor peso en nuestro medio.

Aun C. Kamii (1981a), quien sostiene reiteradamente que "el conocimiento se construye desde adentro" –ya que a veces olvida el lugar central de la interacción sujeto-objeto en la teoría psicogenética– y no suele proporcionar ejemplos de colaboración intelectual entre niños en el curso de las actividades que propone, se refiere sin embargo a la cooperación como uno de los principios básicos de su propuesta:

> Un segundo principio esencial sugiere la importancia de las interacciones sociales entre escolares. Piaget estaba profundamente convencido de que la cooperación entre los niños es tan importante para el desarrollo intelectual como la cooperación del niño con el adulto.

La importancia acordada a la elaboración cooperativa del conocimiento en el ámbito escolar no es casual. Por el contrario, es consistente con el papel que la teoría piagetiana adjudica a los factores sociales que inciden en el desarrollo cognoscitivo, y está vinculada –al menos en nuestro caso– a los estudios de Psicología

Social Genética, que permitieron comprender mejor la acción de esos factores en la construcción del conocimiento.

Al referirse al análisis de investigaciones comparativas realizadas en medios socioculturales muy diferentes, Piaget enuncia, junto a los factores biológicos y los de equilibración de las acciones, factores sociales de dos tipos: los de coordinación interindividual –que son generales para todas las sociedades– y los de transmisión educativa y cultural, que son propios de cada sociedad. En cuanto a los factores de coordinación interindividual, Piaget (1975) hace notar que en cualquier medio social los individuos intercambian informaciones, discuten sus ideas, llegan (o no) a acuerdos; afirma que este proceso de colaboración intelectual interviene durante todo el desarrollo, y concluye:

> Por eso, aun en el caso de que llegáramos a encontrar nuestros estadios y nuestros resultados en toda sociedad estudiada, no por ello quedaría probado que los desarrollos convergentes son de naturaleza estrictamente individual; como es evidente que en todas partes el niño se beneficia de contactos sociales desde la más tierna edad, esto demostraría además que existen ciertos procesos comunes de socialización que interactúan con los procesos de equilibrio examinados anteriormente.

Al analizar los resultados obtenidos en Irán –donde se registra un desfase sistemático de dos o tres años en las pruebas operatorias entre los campesinos y los ciudadanos, pero las mismas edades aproximadamente en Teherán y Europa, y donde el desfase entre ciudadanos y campesinos es más considerable para otras pruebas que se refieren a cuestiones más específicas–, Piaget señala (1972) que ellos indican "una dualidad para el funcionamiento de la inteligencia y las adquisiciones muy especiales relacionadas con los problemas particulares" y sugieren la necesidad de agrupar los dos tipos de factores vinculados a las coordinaciones generales de las acciones (individuales e interindividuales) y deslindarlos del factor de transmisión cultural y educativa. De este modo, "las pruebas operatorias darían mejores resultados porque se encuentran ligadas a coordinaciones necesarias para toda inteligencia –necesarias en tanto son producto de una equilibración progresiva y no tanto de las condiciones biológicas previas–, mientras que las otras pruebas manifestarían un retardo en función de factores culturales más específicos". La adquisición de saberes específicos está, entonces, muy ligada a la influencia diferencial de los distintos medios sociales, en tanto que la construcción de las estructuras intelectuales más generales responde sobre todo a la coordinación interindividual que caracteriza a todas las sociedades humanas.

Sin embargo, los factores educativos también influyen en la construcción de las estructuras.

En este sentido Piaget (1972) afirma:

> La hipótesis de una acción formadora de la educación por el adulto contiene seguramente una parte de verdad, porque aun en la perspectiva de las coordinaciones generales de las acciones, materiales o interiorizadas en operaciones, el adulto, que está más avanzado que el niño, puede ayudarlo y acelerar su evolución en el curso de los procesos educativos familiares o escolares. Pero la cuestión es saber si este factor juega un papel exclusivo [...]

Ahora bien, la influencia del medio social no se refleja en el pensamiento infantil como en un espejo, porque también esa influencia es asimilada activamente por el sujeto. Al conversar con sus familiares –señala Piaget (1977b) refiriéndose al período preoperatorio–:

> el niño advertirá a cada instante que sus pensamientos son aprobados o discutidos, y descubrirá un inmenso mundo de pensamientos que le son exteriores, que lo instruirán o impresionarán de modos diversos. [...] No obstante su dependencia de las influencias intelectuales del medio, el pequeño las asimila a su manera. Las reduce a su punto de vista y las deforma, en consecuencia, sin saberlo, por el solo hecho de que no distingue todavía ese punto de vista del de los otros, por falta de coordinación o de "agrupamiento" de los puntos de vista mismos.

Piaget considera entonces que la socialización del pensamiento es progresiva y que sólo es posible una co-operación verdadera a partir del período operatorio concreto, es decir desde el momento en que las operaciones lógicas se agrupan en sistemas de conjunto. Sin embargo, la relación entre operación y co-operación no es unilateral: es una relación de interdependencia. Al preguntarse si la agrupación (operatoria) es causa o efecto de la co-operación, Piaget responde:

> A una pregunta de tal naturaleza deben darse ciertamente dos respuestas distintas y complementarias. Una es que, *sin intercambio de pensamiento y cooperación con los demás, el individuo no llegaría a agrupar sus operaciones en un todo coherente:* en este sentido, la agrupación operatoria supone la vida social. Pero, por otra parte [...] cooperar es coordinar operaciones. La agrupación es, pues, una forma de equilibrio de las acciones interindividuales como de las acciones individuales y así encuentra su autonomía en el seno mismo de la vida social.

No hay duda entonces –las citas precedentes lo muestran claramente– de que Piaget atribuía una considerable importancia a los factores sociales que inciden en el desarrollo. Sin embargo, sus estudios y los de sus colaboradores inmediatos se centraron sobre todo en la equilibración de las estructuras cognoscitivas, y la acción de los factores sociales sólo comenzó a ser explorada experimentalmente desde la perspectiva constructivista a partir del surgimiento de la Psicología Social Genética.

Gracias a estas últimas investigaciones, se produce un avance importante en la explicación de los mecanismos a través de los cuales los factores sociales favorecen progresos cognoscitivos. En este sentido, Perret Clermont (1984) señala:

> Piaget se preguntaba si las "operaciones intelectuales eran un producto de la vida en sociedad [...] o si eran el resultado de la actividad nerviosa u orgánica utilizada por el individuo para la coordinación de sus acciones" (Piaget, 1966). Y respondía: "la sociedad es, como toda organización, un sistema de interacciones en las que cada individuo constituye un pequeño sector, biológico y social al mismo tiempo. El desarrollo del niño se lleva a cabo mediante interacciones continuas, siendo excesivamente sencillo ver en dicho

desarrollo un simple reflejo de la acción educadora de los padres o de los maestros. En esto, como en todo, se da una construcción dialéctica: el niño asimila el alimento social en la medida en que se halla activo –y no pasivo o puramente receptivo– e inmerso en interacciones reales". Nosotros queremos ser más explícitos y, utilizando precisamente los mismos términos que el maestro de Ginebra, queremos insistir en la importancia del papel que juega el factor social, que no sólo actúa proporcionando *un alimento social a asimilar,* sino que también exige del sujeto una *acomodación* que por sí misma es *creadora de novedad* y factor causal en el dinamismo de la evolución mental.

¿Cómo se produce la novedad? ¿Cuáles son las características más concretas de la interacción que se constituyen en fuente de progreso? Al compartir la elaboración con otros sujetos, se producen conflictos sociocognitivos, conflictos que ya no son sólo intraindividuales –como los que se producen entre diferentes esquemas de un mismo sujeto o entre un esquema del sujeto y los datos proporcionados por el objeto (Inhelder, Bovet y Sinclair, 1974)–, sino que se plantean entre sujetos diferentes que han realizado centraciones o acciones opuestas, que tienen puntos de vista contradictorios sobre el tema en discusión.

Tal como Piaget (1977b) parecía sospechar cuando afirmaba que "es en primer lugar frente a los otros que el niño trata de evitar la contradicción", cuando el conflicto se da entre un sujeto y los demás, resulta muy difícil –a diferencia de lo que ocurre cuando se trata de un conflicto intraindividual– ignorarlo o centrarse en un punto de vista, dejando de lado los otros. Como las respuestas contradictorias se hacen presentes simultáneamente –encarnadas en individuos diferentes– cada sujeto se ve obligado a tomar en cuenta de algún modo las acciones o posiciones de sus compañeros y a intentar coordinarlas con las propias. A partir de estos esfuerzos, se hace posible reorganizar las ideas presentes en el grupo y emprender el camino hacia la superación del conflicto planteado.

El conflicto sociocognitivo es productivo para el progreso del conocimiento aun cuando ninguno de los participantes en la situación posea la respuesta correcta. Es tan beneficioso –según ha mostrado Perret Clermont (1984) en relación con el desarrollo operatorio– el conflicto que se establece con un punto de vista superior al propio como el que se produce con un punto de vista menos avanzado o del mismo nivel pero que representa la centración opuesta. En efecto, en ciertos momentos del desarrollo, los esfuerzos por resolver la situación conflictiva y llegar a un acuerdo conducen a todos los participantes a construir nuevas coordinaciones entre las diversas centraciones que están en juego.

Estos resultados muestran que la gama de situaciones de colaboración interindividual que contribuyen al progreso del conocimiento es más amplia de lo que sospechaba Vigotsky (1979) cuando – al definir la zona de desarrollo próximo– proponía determinar el nivel de desarrollo potencial "a través de la resolución de un problema bajo la guía de un adulto o en colaboración con otro compañero más capaz".

La fecundidad de los conflictos sociocognitivos para el progreso del conocimiento se explica por razones que no se limitan a la interacción del sujeto con otros que estén más avanzados o posean conocimientos más amplios sobre el tema que está intentando aprender. Estos conflictos son productivos para el avance cognoscitivo porque –como señala Blaye (1989)– facilitan la toma de conciencia por parte del niño de las respuestas distintas de la suya y lo obligan a descentrarse de su respuesta inicial, porque la respuesta diferente del compañero es portadora de información y atrae la atención del sujeto hacia otros aspectos pertinentes de la tarea que él no había considerado y porque la necesidad de llegar a un acuerdo incita a incrementar la actividad intelectual.

Gilly (1989) señala –al reseñar aspectos fundamentales de los trabajos de Doise y Mugny– que el conflicto sociocognitivo supone un doble desequilibrio: desequilibrio interindividual, a causa de las diferentes respuestas de los sujetos, y desequilibrio intraindividual, porque cada uno toma conciencia de la existencia de otra respuesta posible, lo que invita a dudar de la propia. Y agrega este autor:

> El problema a resolver no es reductible a un problema cognoscitivo individual. Es justamente porque es social que los niños se ven llevados a coordinar sus puntos de vista en un nuevo sistema que

permita un acuerdo entre ellos. La búsqueda de una superación del desequilibrio cognoscitivo interindividual provoca entonces una superación del desequilibrio cognitivo intraindividual.

Ahora bien, el conflicto sociocognitivo está muy lejos de ser una varita mágica que permita producir automáticamente progresos en el conocimiento infantil.

Por una parte, para que una divergencia resulte efectivamente conflictiva, es necesario que el sujeto posea los instrumentos intelectuales que pueden hacerlo sensible al conflicto; es necesario que sea capaz de la acomodación requerida para la elaboración de nuevas coordinaciones.

Por otra parte, hay interacciones mucho más productivas que otras. Las más productivas son aquellas que se realizan entre sujetos que están en niveles diferentes pero cercanos del desarrollo. Cuando la diferencia de nivel entre los sujetos que interactúan es muy grande, el sujeto menos avanzado puede ignorar el conflicto o no comprender dónde está situado.

Las posibilidades cognoscitivas de los sujetos que interactúan inciden entonces decisivamente en la aparición (o no) del conflicto sociocognitivo y en los efectos que de él se derivan.

Poner de relieve el papel de los factores sociales en el desarrollo no significa olvidar el lugar central de la asimilación:

> Articular lo colectivo y lo individual –afirma Perret Clermont– no nos obliga en modo alguno a admitir una simple proyección de una de estas instancias sobre la otra ni a considerar la génesis cognitiva como una apropiación pasiva que el individuo hace de una "herencia social" o como una evolución marcada por regulaciones impuestas desde el exterior. Nuestro modo de ver las cosas es interaccionista y constructivista: en momentos determinados, que dependen del conjunto del desarrollo anterior, ciertas interacciones sociales, en las que el individuo coordina sus acciones sobre la realidad con las de los demás, actúan como inductoras y permiten así la elaboración de nuevas organizaciones cognitivas. La coordinación de las acciones entre individuos precede a la coordinación cognitiva individual, basándose, al mismo tiempo, en competencias que para estar presentes se han elaborado con anterioridad o se han

recibido por herencia; la coordinación de las acciones entre individuos participa en la dinámica del crecimiento mental sin que por ello sea su único factor explicativo: los cimientos del desarrollo psicológico del individuo se hallan asentados en las condiciones de vida – en el sentido biológico del término– de un organismo que nace en un entorno a la vez físico y social y que intenta ir dominando progresivamente sus interacciones con dicho entorno.

Construir conocimiento nuevo en el marco de una teoría científica es algo muy diferente de aplicar un dogma: es llevar a cabo un trabajo crítico permanente para detectar lagunas o contradicciones, es apoyarse en el saber ya elaborado para adentrarse en dominios inexplorados.

Así lo han entendido quienes, al emprender el análisis del factor social del desarrollo cognoscitivo, no sólo pusieron en evidencia – como hemos visto– mecanismos que aún no habían sido develados, sino también cuestionaron algunas proposiciones previas y abrieron el camino hacia su superación.

Es así como, por ejemplo, los estudios realizados con niños de cuatro a siete años (Perret-Clermont, 1984) –que son entrevistados por parejas para analizar el rol de la interacción social en el desarrollo operatorio– han puesto en evidencia que el papel de la coordinación interindividual es fundamental desde más temprano de lo que Piaget suponía, que la co-operación es antecedida por una interacción no menos fecunda para el desarrollo del pensamiento.[4]

Investigaciones posteriores –referidas ya no al papel de la construcción social en el desarrollo operatorio sino a su rol en situaciones de resolución de problemas y realizadas en general con niños mayores– (Gilly, Fraisse y Roux, 1992, y Gilly 1989) permitieron

---

4. Perret Clermont hace notar que esta idea estaba en germen en algunos trabajos iniciales de Piaget, sobre todo en los referidos al lenguaje y al juicio moral. Señalemos, por nuestra parte, que las investigaciones de H. Sinclair, M. Stamback y su equipo (1982 y 1983) contribuyeron a esclarecer el papel de la coordinación interindividual en una etapa aún más temprana, al mostrar la importancia de la comunicación anterior al lenguaje en niños de dieciocho meses a tres años.

precisar mejor las condiciones en que la interacción social es más productiva, al mostrar que el conflicto sociocognitivo es generador de progreso, sobre todo cuando los participantes en la situación suministran argumentos en defensa de sus respectivas posiciones y cuando la oposición de centraciones o puntos de vista provoca una dinámica interactiva de búsqueda de acuerdo, de coordinación de las diferencias en el marco de un enfoque superador.

Estos trabajos pusieron de manifiesto, además, que la co-elaboración puede producir avances en el conocimiento aunque no tenga un carácter explícitamente conflictivo: se detectaron dinámicas interactivas en las cuales no se evidencia desacuerdo entre los sujetos participantes, pero que resultan de todos modos perturbadoras para ellos. Lo que parece imprescindible –con o sin conflicto social explícito– es que la co-elaboración resulte capaz de desestabilizar los funcionamientos individuales. Sin embargo, la desestabilización puede aparecer –y adquirir un sentido más claro– en el marco de una estructura interactiva donde se combina con otras funciones que cada participante cumple en relación con los demás: estimulación para elaborar nuevas estrategias, corroboración de las ideas del otro, intercontrol de las acciones, apertura de nuevas posibilidades.

Finalmente, la aparición de una dinámica interactiva eficaz para incrementar el conocimiento de los participantes depende –según revelaron estos últimos estudios– de la naturaleza de la situación-problema planteada y de que los sujetos asuman un compromiso activo en el funcionamiento de colaboración cognitiva.

Es hora de volver a nuestro terreno: el aprendizaje escolar. Como hemos mostrado en el punto anterior, los resultados de la investigación psicológica no pueden aplicarse directamente a la situación didáctica. Esto también es válido, por supuesto, para los hallazgos de la Psicología Social Genética: en el caso de los primeros trabajos que hemos analizado, está claro que el objeto de la interacción es diferente del que está en juego en la escuela, ya que están centrados en el desarrollo operatorio y no en la elaboración de contenidos específicos, de saberes culturalmente producidos; en el caso de los últimos estudios mencionados, el objeto de la construcción –la resolución de problemas– está más cerca del que se pone en juego en la escuela, pero se trata también de resultados obtenidos en situaciones "de laboratorio" (cantidad muy reducida de niños, selección estricta de los sujetos, etcétera) que son muy diferentes de la situación del aula y que han sido creadas para cumplir un objetivo que también es diferente del que orienta las situaciones escolares: para conocer mejor la dinámica interactiva, no para lograr que los niños se apropien de determinados saberes.

La utilización de los aportes reseñados sólo es legítima cuando se los considera como uno de los fundamentos que inciden en la formulación de hipótesis sobre la enseñanza y el aprendizaje escolar, y cuando son reelaborados en el marco de investigaciones didácticas referidas a la comunicación de saberes o prácticas específicas. Es lo que ocurre en el caso de la Didáctica de la Matemática (Alibert y otros, 1986; C. Laborde, 1986; Perrin Glorian, s/f; Schubauer Leoni, 1989; Alibert, 1991); es también lo que ocurre en nuestros propios trabajos –los hemos mencionado al comienzo de este punto y los retomaremos en el próximo– desarrollados en el terreno de la lengua escrita.

Esperamos haber mostrado que los educadores "piagetianos" estamos "autorizados" por la teoría psicogenética a elaborar hipótesis didácticas que ponen en primer plano no sólo la interacción entre el sujeto cognoscente y el objeto a conocer, sino también la interacción de cada sujeto con los otros que están conociendo junto a él ese objeto.

En nuestro caso, además, está particularmente claro que el objeto con el que se interactúa no pertenece al mundo físico: es un producto cultural. Para que los niños reconstruyan la lengua escrita, para que lleguen a ser lectores y productores de textos, es imprescindible la intervención activa de usuarios competentes de la lectura y la escritura. Gran parte de este proceso de apropiación se desarrolla – o debería desarrollarse– en el ámbito escolar, y el papel que el docente cumple –o debería cumplir– en esta adquisición es insustituible.

3. El maestro, la enseñanza y el aprendizaje

> "Un medio sin intenciones didácticas es manifiestamente insuficiente para lograr que el alumno se apropie de todos los conocimientos culturales que se desea que adquiera."
>
> G. Brousseau (1986)

¿Cuál es el lugar que se reserva al maestro en un modelo didáctico que concibe al alumno como productor del conocimiento y no como mero consumidor de saberes preelaborados? ¿Debe evitar toda intervención? ¿Tiene que asumir un rol pasivo para dar lugar a la actividad intelectual del alumno? ¿Está condenado a "esperar" que el sujeto construya por sí mismo el conocimiento? ¿Debe renunciar –como han sostenido algunas interpretaciones "limitacionistas"– a enseñar todo aquello que el alumno no esté aún en condiciones de comprender acabadamente?

Según César Coll (1990),

> Piaget ha contribuido indirectamente a popularizar un tipo de análisis de la relación profesor-alumno que prevé que la autoridad del primero conducirá casi inevitablemente al segundo a adoptar casi mecánicamente sus explicaciones sin que medie construcción intelectual alguna.

Piaget afirmaba –y tal vez en eso consista su "contribución indirecta" a la interpretación mencionada por Coll– que una auténtica co-operación sólo es posible entre pares, porque el poder del adulto actúa como coactivo, ejerce coerción sobre el pensamiento infantil. Esta afirmación no hace más que describir la modalidad que en general adopta la relación intelectual entre niños y adultos, sobre todo en el marco escolar, donde la palabra del maestro representa el saber social y está investida de una autoridad institucional.

Desde nuestra perspectiva didáctica, la constatación anterior se transforma en un problema: cómo hacer para que la autoridad del maestro sea utilizada ya no para imponer sus ideas, sino para proponer situaciones problemáticas que hagan necesaria la elaboración de nuevos conocimientos por parte de los niños para conducir el proceso de aprendizaje hacia la reconstrucción del conocimiento válido, para legitimar el derecho de los alumnos a reelaborar el conocimiento, poniendo en acción sus propias conceptualizaciones –aunque sean erróneas– y confrontándolas con las de sus compañeros, para promover un efectivo intercambio de información y funcionar él mismo como fuente de informaciones que resulten significativas porque constituyen respuestas a interrogantes surgidos en el proceso de elaboración, para tender puentes entre los conocimientos producidos por los niños y el saber social.

En Didáctica de la Matemática, los resultados de investigación han llevado a profundizar la reflexión sobre las dificultades que se generan cuando se pretende restituir a los alumnos el derecho a reelaborar el conocimiento. Dado que el contrato didáctico vigente en general adjudica al maestro la responsabilidad de transmitir directamente el conocimiento nuevo, no resulta fácil renegociar ese contrato implícito y transferir al alumno la cuota de responsabilidad que necesariamente debe asumir en el marco de un modelo que lo concibe como productor del conocimiento.

Señala Brousseau (1994):

> El trabajo del docente consiste, pues, en proponer al alumno una situación de aprendizaje para que produzca sus conocimientos como respuesta personal a una pregunta, y los haga funcionar o los modifique como respuesta a las exigencias del medio y no a un deseo del maestro. [...] Para que un niño lea una situación como una necesidad independiente de la voluntad del maestro, hace falta una construcción epistemológica intencional. La resolución del problema se vuelve entonces responsabilidad del alumno, que debe hacerse cargo de obtener un cierto resultado. No es tan fácil. Es necesario que el alumno tenga un proyecto y acepte su responsabilidad.

Estamos muy lejos de la no intervención del maestro. La primera intervención imprescindible –que no es la única, como veremos luego– es delegar en los alumnos una parte de la responsabilidad, es hacer devolución[5] explícita de la situación problemática a partir de la cual será posible construir el conocimiento.

Coincidimos entonces totalmente con Coll (1990) cuando señala:

> [...] Si bien la actividad autoestructurante está en la base del proceso de construcción del conocimiento y tiene, en efecto, leyes propias que deben respetarse, ello no implica en absoluto que sea impermeable a la influencia del profesor y de la intervención pedagógica. Más aún, hay razones para conjeturar que *es esta influencia la que hace que la actividad del alumno sea o no autoestructurante* y tenga, en definitiva, un mayor o menor impacto sobre el aprendizaje escolar. (La cursiva me pertenece.)

Las aclaraciones precedentes evidencian ya nuestro total desacuerdo con las posiciones que condenan al maestro a esperar pasivamente que el niño construya el conocimiento –posiciones a las cuales se nos ha vinculado equivocadamente– o que le prohíben tratar ciertos contenidos en determinadas etapas de la escolaridad.

Las interpretaciones pedagógicas que han utilizado los aportes de Piaget para "prohibir" el trabajo sobre aquellos aspectos del conocimiento cuya construcción no se ha acabado en un determinado momento del desarrollo o de la apropiación de un saber específico –"como los niños de tal edad no conservan aún el volumen, entonces no se debe trabajar nada que esté vinculado a esa noción" o, para aludir a nuestro objeto de conocimiento, "como estos niños están en nivel silábico, sólo se puede trabajar con palabras, todavía no con textos"– han sido ya suficientemente criticadas.

Duckworth (1981) mostró con claridad hasta qué punto es falso el supuesto dilema de "aplicar a Piaget" en un artículo cuyo célebre título lo dice casi todo: "O se lo enseñamos demasiado pronto y no pueden aprenderlo o demasiado tarde y ya lo conocen...". Ferreiro

---

5. La "devolución" –explica Brousseau– era un acto por el cual el rey abandonaba el poder que tenía por derecho divino y lo delegaba a una cámara. La devolución significa: "Ya no se trata de mi voluntad, sino de lo que ustedes deben querer, pero yo les otorgo ese derecho porque ustedes no pueden tomarlo por sí mismos". Algo similar hace el maestro cuando autoriza a los niños a hacerse cargo del rol que les corresponde en la elaboración del conocimiento.

(1985) considera la interpretación limitacionista como una de las "cuatro tentaciones" que obstaculizan la utilización educativa de la teoría de Piaget y sostiene:

> Si bien esta posición reconoce la realidad de la actividad estructurante del sujeto, ignora, por un lado, la relatividad de las edades de acceso a los distintos estadios [...] y, por otro lado, ignora las dificultades inherentes a la propia reestructuración. No se llega a las operaciones concretas como se llega a tener seis años o a sentarse en un banco de primer año. Se llega después de múltiples conflictos, de compensaciones parciales, de intentos fallidos por resolver problemas. No se llega por un milagroso proceso de maduración que nos llevaría tranquilamente de un estadio al siguiente. En el proceso de reestructuración la interacción con el mundo externo juega un papel primordial. Reconocer los niveles de estructuración pero olvidar los procesos estructurantes conduce a una visión parcial –y por ende, deformada– del progreso cognitivo.

Finalmente, Kaufman, Castedo y otros (1989) alertan contra las repercusiones de esta "tentación" en el caso particular del aprendizaje escolar del sistema de escritura.

Limitémonos, entonces, a subrayar que la interpretación pedagógica que comentamos es contraria a la idea misma de construcción. Si nos proponemos que los niños lleguen a construir las conceptualizaciones más cercanas al objeto de conocimiento y las estrategias más adecuadas para operar con él, es imprescindible ofrecerles oportunidades de actuar sobre ese objeto. No es ocultándolo como lograremos que los alumnos lo reelaboren.

Por otra parte, la postura denominada *laissez-faire* o "pedagogía de la espera", que condena al maestro a permanecer pasivo mientras el niño intenta construir el conocimiento, es –como ya hemos señalado (Lerner y Pizani, 1992)– incompatible con un modelo didáctico que toma en consideración los aportes de la teoría psicogenética. Si se sostiene –lo hemos recordado en el punto anterior– que el conocimiento se construye en interacción no sólo con el objeto por conocer sino también con los otros seres humanos que actúan sobre ese objeto, resultaría contradictorio excluir de esa interacción precisamente al maestro, precisamente a ese "otro" que es responsable de que el aprendizaje tenga lugar.

Sin embargo, en relación con esta cuestión han aparecido algunos malentendidos[6] y también algunas críticas cuya reiteración no deja de sorprendernos. Nuestra propuesta didáctica ha sido acusada (Braslavsky, 1985) de propiciar una "mínima intervención del educador", de haber declarado una "guerra total a los métodos y también a la educación, por lo menos formal, y a la pedagogía", de sostener una posición que coincide con las que promueven la desescolarización.

Curiosamente, en el mismo número de esa publicación, aludíamos (Lerner, 1985) a la función insustituible de la escuela como formadora de lectores competentes al señalar que "el sistema educativo debe abordar el problema de la comprensión de la lectura desde el nivel preescolar –fundamentalmente a través de la lectura realizada por el adulto y de la conversación sobre lo leído–" y que "las situaciones de aprendizaje de la lectura en primer grado deben estar siempre centradas en la construcción del significado por parte del niño".

En relación con la intervención del docente, en lugar de considerar que debía ser "mínima", subrayábamos:

> Es central ayudar a desarrollar esas estrategias [de lectura] favoreciendo la anticipación cuando el niño no se atreve a formular hipótesis –porque un método centrado en el descifrado le prohíbe equivocarse–, incitando a la verificación de las hipótesis cuando el niño evade el problema limitándose a "adivinar" el sentido del texto.

Planteábamos además la necesidad de ayudar a los niños a progresar en sus posibilidades de comprender lo que leen y enfatizábamos la importancia de la discusión grupal y de las intervenciones del maestro en el marco de esta discusión:

> La discusión entre los niños es fundamental, porque obliga a cada uno a justificar su interpretación frente a los demás y en esta bús-

---

6. Hemos realizado ya un análisis de esos malentendidos y un examen de sus posibles causas (Lerner y Pizani, 1992).

queda de justificación se hace posible tomar conciencia de aspectos contradictorios o incoherentes que coexisten en la propia interpretación, porque a través de la discusión cada niño conoce las interpretaciones que sus compañeros han hecho del mismo texto y se hace posible confrontarlas, coordinar los puntos de vista y acudir al texto con nuevas preguntas, lo que llevará a construir nuevas respuestas, es decir a aproximarse más al significado que el autor quiso transmitir. El maestro coordina esos intercambios, pone de manifiesto contradicciones que los niños no han tomado en cuenta, formula preguntas que plantean nuevos problemas, llama la atención sobre aspectos del texto que pueden poner en duda algunas interpretaciones o que pueden contribuir a superar los conflictos planteados.

Siempre hemos considerado imprescindible la intervención del docente. En esa época, la expresión "acción pedagógica" nos parecía más confiable para aludir a ella que el término "enseñanza", porque este último estaba todavía "muy teñido por una concepción del aprendizaje que no compartimos". Hoy en día –y desde hace varios años– reivindicamos la palabra "enseñanza", no sólo porque intentamos evitar malentendidos sino también porque nuestro trabajo está suficientemente difundido como para que esa palabra haya podido adquirir otro sentido, muy diferente del que le asignaba la concepción conductista.

¿Cuál es ese nuevo sentido? ¿Cómo enseñar lo que se ha de construir? Esta pregunta –que tomo prestada de un subtítulo de César Coll (1993)– pone en evidencia una contradicción que sólo es aparente: ¿cómo sostener simultáneamente que los niños construyen su propio conocimiento y que el docente es el responsable de la enseñanza?, ¿cómo sostener al mismo tiempo que el niño es protagonista del aprendizaje y que es el docente quien debe planificar las actividades, controlar que efectivamente se orienten hacia los objetivos propuestos, velar por que no se desvirtúe la naturaleza de los conocimientos que se está intentando comunicar, prever cuáles serán las reacciones de los niños frente a los problemas planteados para poder anticipar sus propias intervenciones, evaluar lo que va sucediendo y rectificar su acción si es necesario?

Aceptar que los niños son activos intelectualmente no significa de ningún modo suponer que el maestro es pasivo. Significa, en cambio, asumir modalidades de trabajo que tomen en cuenta los mecanismos de construcción del conocimiento.

¿Cómo definir entonces la enseñanza desde una perspectiva constructivista? Sus rasgos esenciales podrían enunciarse así: enseñar es plantear problemas a partir de los cuales sea posible reelaborar los contenidos escolares y es también proveer toda la información necesaria para que los niños puedan avanzar en la reconstrucción de esos contenidos. Enseñar es promover la discusión sobre los problemas planteados, es brindar la oportunidad de coordinar diferentes puntos de vista, es orientar hacia la resolución cooperativa de las situaciones problemáticas. Enseñar es alentar la formulación de conceptualizaciones necesarias para el progreso en el dominio del objeto de conocimiento, es propiciar redefiniciones sucesivas hasta alcanzar un conocimiento próximo al saber socialmente establecido. Enseñar es –finalmente– promover que los niños se planteen nuevos problemas que no se hubieran planteado fuera de la escuela.

Analicemos más detenidamente cada una de estas afirmaciones.

a) *Enseñar es plantear problemas a partir de los cuales sea posible reelaborar los contenidos escolares.*

¿Qué condiciones debe reunir una situación para constituirse en una situación problemática? Dos condiciones son esenciales: debe tener sentido en el campo de conocimientos de los alumnos, pero no debe ser resoluble sólo a partir de los conocimientos que los niños ya tienen. En otras palabras, una situación problemática tiene que permitir a los alumnos poner en acción los esquemas de asimilación que ya han construido e interpretarla a partir de ellos, pero estos conocimientos previos no deben ser suficientes para resolverla: la situación debe requerir la construcción de nuevos conocimientos o de nuevas relaciones entre los ya elaborados. Es conveniente además que el problema sea rico y abierto, que coloque a los alumnos frente a la necesidad de tomar decisiones, que les permita elegir procedimientos o caminos diferentes (Douady, 1986; Inhelder y otros, 1992).

¿Cómo plantear problemas cuando el contenido sobre el cual se está trabajando es la lengua escrita? La respuesta es simple: *usando la lengua escrita, leyendo y escribiendo.*

Es un problema explorar un texto para buscar una información que se necesita cuando uno todavía no sabe leer un artículo que no ha sido escrito especialmente para niños sobre el tema del proyecto que se está desarrollando; es un problema descubrir las características del estilo de un escritor cuando se trata de escribir "a la manera de" ese autor; es un problema escribir una noticia o un cuento de ciencia ficción respetando las características del tipo de texto en cuestión...

¿Cuáles son las condiciones para que la propuesta de escribir –por ejemplo– una noticia que se publicará en el periódico escolar constituya un problema para los alumnos? Será necesario, por supuesto, que los niños hayan leído previamente muchas noticias, porque de lo contrario la consigna no tendría sentido en su campo de conocimientos, pero seguramente no será necesario haber explicado cuáles son sus características textuales, ni cuál es su léxico, ni cuál es la organización sintáctica que son propios de este tipo de textos. Es precisamente porque tienen que escribir una noticia que los niños empezarán a hacerse preguntas sobre los rasgos que la caracterizan y recurrirán –durante la producción– al material periodístico disponible, ya no para buscar el contenido de la información, sino para encontrar respuestas para estas nuevas preguntas generadas por la escritura.

La producción de noticias cumple entonces las dos condiciones fundamentales que se han enunciado, ya que requiere tanto la utilización de conocimientos que el niño ha adquirido en su calidad de lector de ese tipo de textos como la elaboración de nuevos conocimientos. Estos conocimientos se generan como respuesta a preguntas que raramente aparecen mientras uno se comporta como lector –la lectura plantea otros interrogantes– pero que, en cambio, se imponen cuando uno se involucra en la producción del texto.

Al centrar las actividades didácticas en el uso de la lengua escrita –planteando situaciones que se asemejen en la medida de lo posible a aquellas que lectores y escritores viven fuera del ámbito escolar–, se hace posible plantear desafíos al conocimiento infantil.

Se restituye así a los alumnos el derecho a plantearse problemas y, por lo tanto, el conocimiento es elaborado como respuesta a esos problemas (en lugar de aparecer como un conjunto de datos que se suministran antes de crear interrogantes y que están descontextualizados porque no responden a ninguna pregunta que el sujeto haya tenido oportunidad de formularse).

Los problemas aparecen así en toda su complejidad; son el punto de partida para la elaboración de nuevos conocimientos.

Ahora bien, esto no significa que los niños estén solos frente a esa elaboración: devolver el problema no es sinónimo de retirar la información.

b) Enseñar es proveer toda la información necesaria para que los niños puedan avanzar en la reconstrucción del contenido sobre el cual están trabajando.

La información –como hemos señalado en otro lugar (Lerner y Pizani, 1992)– es brindada a veces directamente y otras veces recurriendo a material escrito; en algunos casos puede asumir la forma de una pregunta y en otros adopta la de un contraejemplo destinado a cuestionar una sobregeneralización.

De este modo, frente a una producción infantil que pretende ser una noticia pero omite el titular, el docente puede señalar "Hay que poner un titular porque todas las noticias lo tienen" o bien puede sugerir "Fíjate cómo empiezan las noticias que hemos leído en estos días y compara con el comienzo de la tuya". Una pregunta como "¿Cuál es la relación entre este párrafo y el siguiente?" –por ejemplo–, no es sólo una pregunta sobre el texto específico que el niño está produciendo, es también una manera de informar sobre la necesidad de que exista alguna relación entre dos párrafos consecutivos; si, al trabajar sobre la ortografía de palabras emparentadas lexicalmente, los niños se apresuran a concluir –nos ha ocurrido–

que "entonces *todas* se escriben como la madre", habrá que mostrarles ejemplos de "familias de palabras" –como "huevo, óvulo, oval..."– que contradigan esa conclusión.

Desde nuestra perspectiva, resulta indudable –como lo muestran los ejemplos anteriores– que es función del maestro brindar la información necesaria para que los niños avancen en la construcción del conocimiento. La única información que el maestro no dará – precisamente porque se trata de que sean los alumnos quienes construyan el conocimiento– es aquella que corre el riesgo de obstaculizar el proceso constructivo, de impedir que los niños elaboren sus propias estrategias para resolver el problema planteado.

El maestro es un informante fundamental. Aunque él no es la única fuente de información en el aula –porque también la proveen los portadores de texto y porque cada niño puede hacer aportes a sus compañeros–, su palabra es la más autorizada: la información que el docente provee es considerada por los alumnos como veraz y segura, ya que él es el representante en el aula del saber socialmente aceptado como válido.

c) *Enseñar es favorecer la discusión sobre los problemas que se han formulado, es brindar la oportunidad de coordinar diferentes puntos de vista, es orientar hacia la resolución de los problemas planteados.*

Mucho hemos hablado ya –en el punto anterior– sobre la interacción entre pares. Haremos aquí algunos señalamientos sobre las particularidades que esta interacción asume en la situación de clase, sobre el lugar del maestro en la discusión y sobre otras interacciones del docente con los alumnos.

En nuestro trabajo didáctico, ha resultado evidente la importancia que revisten para la formación de usuarios competentes de la lengua escrita las diferentes situaciones que ponen en juego el trabajo grupal: no sólo la confrontación entre hipótesis diferentes sobre la naturaleza del sistema de escritura, sino también las discusiones vinculadas a las distintas interpretaciones de los textos leídos, el intercambio de informaciones sobre diversos aspectos del sistema de escritura y del lenguaje escrito, las conversaciones que llevan a planificar lo que se va a escribir, la coproducción de textos, la revisión conjunta de los textos producidos, el trabajo en colaboración para comprender textos difíciles...

La interacción en clase hace posible, entonces, que se planteen conflictos sociocognitivos, que se coordinen progresivamente los diferentes puntos de vista, que se vaya construyendo un saber común. Para que los conflictos contribuyan al progreso del conocimiento, para que lleven a buscar acuerdos superadores, es necesario que se den en un marco de cooperación.

Ahora bien, en el ámbito escolar –debemos reconocerlo– existen dificultades para generar auténticas discusiones. "Cuando los alumnos interactúan bajo la mirada del adulto –señala Schubauer Leoni (1989)–, este último desempeña un papel inevitable en las decisiones sociales y cognitivas del niño. Toda respuesta de su parte adquiere un valor en el mercado del intercambio escolar." Las reglas que rigen el funcionamiento de la clase –y sobre todo, en este caso, la función evaluativa del maestro– llevan a los alumnos a buscar permanentemente indicios de aprobación o desaprobación en la actitud del docente y limitan así las posibilidades de una discusión genuina.

Para favorecer la colaboración intelectual entre los niños, una condición fundamental que debe cumplirse –así lo ha mostrado nuestro trabajo en lectura y escritura– es que el maestro no convalide de entrada lo correcto. No se trata sólo de no sancionar el error, se trata también de evitar algunas intervenciones que a veces se nos escapan y que están muy lejos de pasar desapercibidas para los niños: preguntar "por qué" sólo a aquellos que han dado una respuesta incorrecta, llamar la atención del grupo sobre lo que ha dicho un niño sólo cuando ese niño ha dado la respuesta correcta, dar la palabra exclusivamente a aquellos que están "más cerca de la verdad"... Éstas son algunas de las intervenciones que impiden profundizar en el conocimiento del contenido que se está trabajando porque los niños, experimentados en el oficio de alumnos, saben interpretar muy bien el significado de las intervenciones del maestro y reaccionan en consecuencia: aquellos que han detectado que el maestro considera incorrecta su respuesta se inhiben de participar o se pliegan a la respuesta de los otros, aquellos cuyo punto de vista ha sido respaldado por el docente se sienten más seguros e insisten en sus argumentos. Resulta así más fácil llegar a lo correcto, pero es sólo una apariencia: como la discusión no se ha profundizado, en todos –también en los que "acertaron"– podrán coexistir ideas erróneas con la conclusión superficialmente correcta a la que se habrá arribado.

Cuando el maestro adopta –provisoriamente, como veremos luego– una actitud de neutralidad frente a las posiciones de los alumnos, cuando no establece explícita ni implícitamente su evaluación de lo que dicen o hacen los niños, éstos se ven obligados a argumentar en defensa de sus hipótesis, de sus interpretaciones o de sus estrategias. De este modo, la discusión se profundiza y contribuye efectivamente al progreso del conocimiento.

Por supuesto, neutralidad no significa inactividad: el maestro facilita la comunicación, incita a explicitar los diferentes puntos de vista, hace notar las coincidencias y las discrepancias, decide en qué orden se discutirán, pone en evidencia la suficiencia o insuficiencia de la información disponible, ayuda a definir conclusiones, recuerda datos o conclusiones previas pertinentes para la discusión, plantea contraejemplos, hace respetar las normas establecidas para la discusión...

Cuando la clase se organiza en pequeños grupos, hay que tomar en cuenta que trabajar en grupo no siempre es sinónimo de construir socialmente el conocimiento. Puede ocurrir que alguien asuma un rol directivo y los demás se plieguen a sus propuestas –copiando, imitando sin convicción–; puede ocurrir que alguien se quede totalmente al margen de la interacción o se limite a apoyar lo que otros hacen.

¿Cuáles son, entonces, las condiciones que favorecen una interacción productiva en los subgrupos? Aun cuando queda mucho por investigar en este sentido, los estudios realizados hasta el presente permiten establecer algunas condiciones que han mostrado ser fructíferas:

• En general, los grupos funcionan mejor cuando son suficientemente pequeños como para que la responsabilidad no se diluya, como para que cada uno de sus miembros se sienta muy comprometido con el trabajo conjunto.

Por lo tanto, en la organización de la clase ocupa un lugar importante la agrupación de los niños por parejas. Sin embargo, ésta no es la única modalidad utilizada, coexiste con otras porque las formas de organización varían en función de la naturaleza de las actividades que se proponen y de los efectos que se aspira a obtener.

• Si se otorga a los niños un tiempo para pensar individualmente en el problema planteado *antes* de intercambiar con sus compañeros, se hace más probable lograr que todos los niños (y no sólo algunos) tengan algo para aportar a la discusión.

• Cuando los niños se están apropiando del sistema de escritura, los intercambios más enriquecedores se producen entre sujetos que están en niveles diferentes pero cercanos del proceso constructivo (Teberosky, 1982; Lerner y otros, 1982; Kaufman y otros, 1982).

Esta conclusión es indudablemente válida para la primera etapa de la alfabetización y para las situaciones de escritura, pero no puede aplicarse directamente a otras etapas y situaciones. La dificultad obedece a diversas razones: en primer lugar, no se han definido "niveles de conceptualización" posteriores a la apropiación del sistema de escritura –quizá no existan, o quizás existan sólo en relación con aspectos muy puntuales como la construcción de la ortografía de la palabra o de la puntuación, pero no en relación con cuestiones tales como la coherencia y la cohesión del texto...–; en segundo lugar, los pasos que dan los niños como productores mientras se están apropiando de la alfabeticidad del sistema son mucho mejor conocidos que los que dan como lectores; por último, es necesario que la investigación didáctica estudie más rigurosamente cuáles son las condiciones que hacen posible generar interacciones productivas tanto en las situaciones de escritura posteriores a la apropiación del sistema como en las situaciones de lectura, de tal modo que sea posible formular conclusiones válidas para las actividades de lectura y escritura a lo largo de toda la escolaridad.

Por ahora, sólo es posible afirmar que las interacciones más fecundas se producen cuando los integrantes del grupo tienen suficientes conocimientos en común como para entenderse y suficientes discrepancias o diferencias de información como para poder confrontar sus ideas y enriquecerse mutuamente. Dado que esta afirmación es demasiado general para orientar efectivamente la constitución de los grupos en el aula, parece prudente formular la recomendación que enunciamos a continuación.

• Es conveniente que cada niño tenga oportunidad de interactuar con muchos otros, de que los subgrupos –lejos de quedar constituidos desde el primer día para todo el año escolar– sean variables y esta variación vaya permitiendo determinar quiénes son los niños que están en condiciones de cooperar mejor en cada período y para cada actividad.

Es necesario seguir explorando cómo trabajar didácticamente con la interacción entre pares, es necesario sobre todo estudiar cuáles son las intervenciones que hacen posible que la diversidad se constituya cada vez más claramente en un factor positivo para el avance de todos (y esto no es fácil, dado el profundo arraigo que tiene en la institución escolar el mito de la homogeneidad).

Ahora bien, está muy claro actualmente que el maestro desempeña un papel fundamental en la interacción entre pares. No sólo porque la hace posible y la coordina, sino porque sólo él puede reconocer cuáles son las interacciones que permitirán acercarse al saber –es decir, al conocimiento socialmente aceptado como válido– e ir orientando el proceso hacia aquello que los niños deben construir.

Además de cumplir esta función y de actuar como informante privilegiado, el docente interactúa con los alumnos por lo menos de otras dos maneras: enseñando por participación (a la manera de los artesanos) y proponiendo estrategias de trabajo.

El maestro enseña por participación cuando lee y escribe junto a los niños y con los niños. No se limita a intervenir en relación con los textos que ellos producen; escribe él también y comparte con sus alumnos los problemas que se le plantean al escribir, así como la reflexión sobre las soluciones posibles. Cuando lee con los niños un texto difícil –además de ayudarlos a descubrir todo lo que pueden entender por sí mismos o conversando con sus compañeros y de orientar la búsqueda de aquello que es esencial en función del propósito que se persigue al leerlo– comparte con ellos las preguntas que él mismo se hace en relación con el texto, señala las relaciones que está estableciendo con otros textos que ha leído sobre el tema, aporta conocimientos que los niños aún no tienen y que contribuyen a lograr una mejor comprensión de algunos aspectos del material que se está leyendo... Además, el maestro actúa como un lector que comparte inquietudes con otros lectores: les recomienda libros que pueden interesarles, comenta con ellos artículos periodísticos que considera relevantes, les lee algún fragmento especialmente significativo de un poema, cuento o noticia que puede resultar atractivo también para los niños...

Finalmente, el maestro propone estrategias de trabajo, y lo hace con un doble propósito: en primer lugar, para que los niños puedan elaborar determinados conocimientos gracias a la utilización de cada estrategia y, en segundo lugar, para que vayan apropiándose de las estrategias mismas. Si el docente propone consistentemente ciertas estrategias, si –por ejemplo– remite con frecuencia a los niños al material escrito para buscar ciertas informaciones que necesitan, si pide a los niños –a todos y no sólo a los que se equivocan– que fundamenten sus afirmaciones en relación con diferentes aspectos de la lengua escrita... entonces los niños hacen suyas estas estrategias y comienzan a utilizarlas en forma autónoma (Lerner, Levy y otros, 1993).

Esta última cuestión es fundamental porque la situación didáctica es perecedera: los alumnos –como diría C. Margolinas (1992)– se convertirán necesariamente en ex alumnos, y lo que hayan hecho en la escuela tendrá sentido en la medida en que efectivamente sirva para que ellos utilicen en las situaciones sociales (no didácticas) en las que participarán aquello que han aprendido en el marco de la situación didáctica. Por eso es tan importante que la interacción del docente con el alumno esté orientada a lograr que éste conquiste una autonomía creciente en el manejo de la lengua escrita –y de los objetos de conocimiento en general–.

d. *Enseñar es alentar la formulación de conceptualizaciones necesarias para el progreso en el dominio de la lengua escrita, es promover redefiniciones sucesivas, hasta alcanzar un conocimiento próximo al saber socialmente establecido.*

Se trata, en primer término, de sistematizar los conocimientos sobre los cuales se ha ido trabajando en diferentes situaciones. Cada vez que se produce o se revisa un texto, por ejemplo, se discuten –entre muchas otras cuestiones– problemas referidos a la ortografía literal, a la acentuación, a la puntuación... Estos problemas, que han aparecido al usar la lengua escrita, originaron discusiones y llevaron a tomar decisiones específicas para cuestiones también específicas: en ciertos casos se decidió poner un punto seguido y en otros una coma o un punto y aparte porque así lo requería la particular relación entre las ideas expuestas en una producción determinada; en alguna situación se decidió que "humanidad" llevara hache argumentando que ese término proviene de "hombre" o que "bimembre" es con be larga porque "ese 'bi' quiere decir 'dos', es como 'bicicleta' "...

Para generar progresos en la conceptualización de estos diferentes aspectos del sistema de escritura, habrá que planificar actividades dirigidas a organizar y "pasar en limpio" los conocimientos que se han puesto en juego durante las situaciones de producción.

Una situación de reflexión sobre la puntuación podría consistir, por ejemplo, en sintetizar –a partir de una discusión orientada por el maestro y recurriendo cuando sea necesario a los textos producidos por los niños, a textos de autor o a ejemplos propuestos en el momento– lo que el grupo sabe sobre las diferencias existentes entre el uso del punto y de la coma, sobre las razones que llevan a optar por uno u otra, sobre los casos en que los dos son correctos pero vehiculizan matices diferentes... Algunas situaciones de sistematización estarán dirigidas a reflexionar sobre los casos en que la ortografía literal aparece vinculada al significado de las palabras, a buscar otros ejemplos de esta vinculación, a descubrir que las regularidades establecidas no pueden aplicarse a todos los casos y que es necesario conocer las excepciones, a ir elaborando conclusiones.

Algunas de las conclusiones que los niños elaboran son correctas, otras lo son sólo parcialmente (o son correctas pero incompletas), otras son incorrectas. Todas ellas salen a la luz, se plantean nuevos problemas, se revisan las conclusiones... Cuando no son completamente correctas, los niños deben saber que no lo son, pueden entonces anotarlas como "conclusiones provisorias", que estarán sujetas a sucesivas revisiones.

El proceso continúa hasta que se llega a una coincidencia aproximada con el saber establecido. Es necesario, entonces, reconocer la validez del conocimiento producido por los niños; es necesario poner en marcha una de las funciones esenciales del maestro: la institucionalización.

La institucionalización tiene un doble objetivo: oficializar (para el alumno) que el conocimiento elaborado coincide con el saber social y oficializar (para el maestro) lo que los alumnos han aprendido y lo que no han podido aprender y habrá que ayudarlos a revisar.

Para nosotros, en el campo de la Didáctica de la Lengua, la necesidad de sistematizar y convalidar el conocimiento elaborado por los alumnos en las situaciones de aprendizaje se fue haciendo más evidente a medida que nuestra experiencia avanzaba hacia los grados superiores. Cuando Brousseau (1994) relata cómo se originó la noción de institucionalización en Didáctica de la Matemática, señala lo siguiente:

> Los maestros no querían pasar de una situación [de aprendizaje] a la siguiente, querían detenerse para "revisar lo que habían hecho" antes de continuar. "Algunos niños están perdidos. Hay que hacer algo." Hizo falta un cierto tiempo para que nos diéramos cuenta de que ellos estaban realmente obligados a hacer algo, por razones que era necesario explicar. [...] Nosotros teníamos situaciones de apren-

dizaje en el sentido de los psicólogos y podía pensarse que habíamos reducido la enseñanza a una sucesión de aprendizajes. Pero nos vimos obligados a preguntarnos a qué se debía la resistencia de los maestros a la reducción completa del aprendizaje a los procesos que habíamos concebido. No se trataba de juzgar sus métodos, sino de comprender lo que ellos tenían legítimamente que hacer. [...] Así fue como descubrimos (!) lo que los maestros hacen todo el tiempo. Algo que se había vuelto inconfesable en el marco de nuestro trabajo: ellos deben documentar lo que hacen los alumnos, describir lo que ha ocurrido y lo que tiene una relación con el conocimiento al que se apunta, dar un *status* a los acontecimientos de la clase como resultado de los alumnos y como resultado del docente; asumir un objeto de enseñanza, identificarlo, acercar esas producciones al conocimiento de los otros (culturales o del programa), indicar que ellos pueden volver a ser utilizables. [...] Esta actividad es ineludible: *no se puede reducir la enseñanza a la organización de los aprendizajes.*

Desde el punto de vista de los alumnos, la institucionalización permite además resolver una paradoja que Brousseau (1986) ha denominado "la negación del saber". En efecto, cuando las situaciones didácticas en las que participa el alumno están dirigidas a lograr que sea él quien construya el conocimiento, no le resulta fácil tomar conciencia de que ha aprendido algo nuevo: para el productor, es difícil distinguir el conocimiento que acaba de producir como respuesta a la situación problemática que se le ha planteado del conocimiento que ya tenía y que le ha servido para hacer una interpretación del problema e imaginar una primera estrategia para resolverlo. En este sentido, afirma Brousseau:

> El sujeto banaliza la pregunta cuya respuesta conoce en la medida en que no tiene los medios para saber si otros se la han planteado antes que él, o si nadie ha sabido responderla, o si otras preguntas están vinculadas a ésa... Es necesario que venga alguien de afuera a categorizar sus actividades, a identificar las que poseen un interés, un *status* cultural. Esta institucionalización [...], este trabajo cultural e histórico es muy diferente del que debe dejarse a cargo del alumno y corresponde al docente.

Es así como el maestro cumple con un aspecto fundamental de su misión: engarzar los procesos de construcción de los alumnos con los significados colectivos culturalmente organizados (Coll, 1993).

e. *Enseñar es promover que los niños se planteen nuevos problemas que no se hubieran planteado fuera de la escuela.*

Además de devolver a los niños la posibilidad de elaborar respuestas para los problemas que otros les plantean, hay que restituirles el derecho a formular nuevas preguntas.

Los nuevos interrogantes surgen a lo largo del proceso que hemos descrito en los puntos anteriores: al intentar resolver el problema planteado por el docente –escribir una noticia, por ejemplo–, los alumnos se plantean subproblemas referidos a aspectos específicos (¿escribo el titular antes o después de escribir lo demás?, ¿se repite en el cuerpo de la noticia la información que se puso en el copete?...) o se hacen preguntas acerca de la relación entre este tipo de texto y otros (estoy mirando el editorial, ¿me servirá esto?, ¿se escribirán de la misma manera los editoriales y las noticias?...); las informaciones brindadas por el maestro y las discusiones con los compañeros dan lugar también a la aparición de nuevos problemas; la sistematización de los conocimientos que se han ido elaborando en las situaciones de uso de la lengua escrita, al organizar lo que se sabe y diferenciarlo de aquello que aún no se ha comprendido suficientemente, constituye también una fuente de problemas, permite interrogarse acerca de posibles relaciones que antes no se habían advertido.

Por otra parte, cuando las preguntas de los alumnos tienen un lugar en la clase, ellos suelen sorprendernos con inquietudes que abren nuevos caminos a la reconstrucción de los contenidos que se están trabajando.

Le corresponde al maestro decidir cuáles son las preguntas o inquietudes que incluirá en el trabajo de grupo porque es relevante para el tratamiento del tema, cuáles son convenientes resolver a través de una orientación individual al alumno que la formuló, cuáles deberán postergarse para otra oportunidad.

Hemos delineado, así, los aspectos fundamentales de nuestra concepción de la enseñanza. Enseñar lo que se ha de construir supone –es necesario explicitarlo– *hacerse cargo del proceso de asimilación de los alumnos,* es decir, conocer sus conceptualizaciones, entender qué hay detrás de los argumentos que esgrimen en pro o en contra de una decisión (cómo escribir una palabra, cómo interpretar determinado pasaje de un texto, cómo expresar una idea, dónde poner un punto). Hacerse cargo del proceso de asimilación es también prever cuáles son las interacciones de los miembros del grupo –del maestro con los niños y de éstos entre sí– que serán posibles a partir de las conceptualizaciones ya elaboradas por los alumnos sobre el objeto de conocimiento; es plantear situaciones que les permitan acercarse a hipótesis más avanzadas, es brindar la información necesaria para que estos progresos sean posibles...

Hacerse cargo o no del proceso de asimilación es, por supuesto, una decisión didáctica. Si se decide no hacerse cargo, esta decisión no será suficiente para hacer desaparecer ese proceso. Las conceptualizaciones y procedimientos de los niños estarán allí de todos modos, interviniendo en la forma en que comprenderán los contenidos. Pero, en ese caso, los niños estarán solos frente a la tarea de acercar sus conceptualizaciones a los contenidos que se pretende que aprendan.

Ahora bien, hacerse cargo del proceso de reconstrucción del conocimiento, acercar la enseñanza al aprendizaje, intentar intervenir desde dentro del proceso en lugar de colocarse fuera de él... Nada de esto nos lleva a sostener la "ilusión pedagógica" (Castorina, 1984) de que el aprendizaje se confundirá con la enseñanza. Intervenir conociendo los procesos de los niños aumenta las posibilidades de lograr que ellos aprendan algo bastante semejante a lo que pretendemos enseñarles, pero no garantiza el control sobre el aprendizaje. Es necesario evaluar permanentemente cuáles son los efectos reales de las actividades propuestas y de las intervenciones del docente, cuáles son los aprendizajes que efectivamente se han producido, para hacer los ajustes necesarios en las situaciones didácticas.

En este sentido, nos parece fundamental contribuir a hacer realidad el deseo formulado por Vigotsky (1979) al señalar la necesidad de "describir las relaciones internas de los procesos intelectuales que el aprendizaje escolar pone en marcha", de realizar un análisis "análogo al uso de los rayos X" que permita descubrir "esa red evolutiva subterránea e interna de los niños en etapa escolar".

Reflexiones finales

La concepción de la enseñanza que sustentamos supone –como hemos afirmado en otro lugar (Lerner, Sadovsky y Wolman, 1994)– una profunda modificación del paradigma vigente desde hace siglos en la escuela: "Paso a paso y acabadamente" debe ser sustituido por "Compleja y provisoriamente". "Complejamente" por dos razones: por una parte, porque el objeto de conocimiento es complejo y desmenuzarlo es falsificarlo; por otra parte, porque el proceso cognoscitivo no procede por adición, sino por reorganización del conocimiento. "Provisoriamente" porque no es posible llegar de entrada al conocimiento correcto –en este caso, al conocimiento que se tiene el objetivo de enseñar–; sólo es posible realizar aproximaciones sucesivas que van permitiendo su reconstrucción.

La conceptualización de la acción docente es también una construcción.

Antes, nuestro análisis se centraba demasiado en lo que hacían los niños y no advertíamos claramente qué estábamos haciendo nosotros para que ellos pudieran producir lo que producían. Ahora hemos tomado conciencia más clara de nuestras acciones, de la intervención docente y de los efectos que ella genera.

Antes creíamos que un acto de voluntad del maestro era suficiente para devolver a los niños el derecho a construir el conocimiento también en el marco escolar. Ahora sabemos que en el aula rigen reglas implícitas –independientes del maestro y los niños que hoy están presentes allí y muy anteriores a ellos– que establecen los derechos y obligaciones que docente y alumnos tienen en relación con el contenido; sabemos que hay una representación social fuertemente constituida –también los niños participan de ella– según la cual ciertas funciones son y deben ser ejercidas exclusivamente por el maestro. Ésta es, seguramente, una de las razones que hacen tan difícil lograr que esas funciones –la corrección, por ejemplo– dejen de ser privativas del docente y pasen a ser compartidas por maestro y alumnos. Es imprescindible profundizar en el análisis de esta cuestión en el campo de la lengua escrita; es necesario generar estrategias que hagan posible al maestro restituir efectivamente a los alumnos los derechos que deben ser ejercidos para apropiarse de determinados conocimientos.

Construir y conceptualizar la acción didáctica supone también marchar "compleja y provisoriamente". No es posible desmenuzar el objeto de conocimiento para simplificar nuestra tarea, tenemos que enfrentarnos con él globalmente y abordar todos sus aspectos al mismo tiempo, sin evadir la complejidad.

Hemos explicitado –en el curso de este artículo– tres cuestiones que, en el estado actual del saber, son fundamentales desde la perspectiva didáctica que asume como uno de sus pilares la teoría de la equilibración y, en particular, los estudios psicogenéticos referidos a aspectos del saber que constituyen contenidos escolares.

Quizás esta explicitación contribuya a replantear el debate en otros términos, a superar la moda de contraponer sobre bases falsas dos propuestas que no se conocen suficientemente, a promover – como lo sugiere Castorina en este mismo libro– indagaciones que, a partir de la definición de problemas didácticos comunes, permitan esclarecer cuáles son las coincidencias y cuáles los auténticos puntos de confrontación.

Queda planteado el problema, queda abierto el debate. Este debate debería tener lugar –así lo hubieran querido seguramente Piaget y Vigotsky– en el marco de un trabajo cooperativo, orientado hacia la construcción de saber válido sobre el proceso de comunicación del conocimiento, de un saber que contribuya a combatir la discriminación escolar, a crear condiciones didácticas que favorezcan la apropiación de los contenidos socialmente relevantes por parte de todos los niños.

REFERENCIAS BIBLIOGRÁFICAS

Aebli, Hans: *Didactique psychologique,* París, Delachaux et Niestlé, 1965.
Alibert, D.; Grenier, D.; Legrand, M. y Richard, F.: *L'introduction du débat scientifique en situation d'enseignement,* Jeune Equipe CNRS de Didactique des Mathématiques et de l'Informatique de Grenoble, 1986.
Alibert, Daniel: "Sur le rôle du groupe-classe pour obtenir et resoudre une situation a-didactique", en *Recherches en Didactique des Mathématiques,* vol. 11, 1, París, La Pensée Sauvage éditions, 1991.
Blaye, Agnès: *Interactions sociales et constructions cognitives: présentation critique de la thèse du conflit socio-cognitif,* en *Construction des savoirs. Obstacles et conflits,* Québec, Cirade, Les Editions Agence d'Arc, 1989.
Braslavsky, Berta: "El método: ¿panacea, negación o pedagogía?", *Lectura y Vida,* Año 6, N° 4, diciembre de 1985.
Brousseau, Guy: "Fondements et méthodes de la Didactique des Mathématiques", en *Théorisation des phénomènes d'enseignement des mathématiques,* Universidad de Bordeaux, 1986. (Publicación en castellano: IMAF, Universidad de Córdoba, 1993.)
—: "¿Qué pueden aportar a los enseñantes los diferentes enfoques de la Didáctica de las Matemáticas?", *Enseñanza de las Ciencias,* Revista de la Universidad de Barcelona, 1990, 8 (3).
—: "Los diferentes roles del maestro", en *Didáctica de Matemáticas,* Buenos Aires, Paidós, 1994.
Brun, Jean: *Pedagogía de las Matemáticas y Psicología: análisis de algunas relaciones,* Facultad de Psicología y Ciencias de la Educación, Universidad de Ginebra, 1979.
—: "Évolution des rapports entre la psychologie du développement cognitif et la didactique des mathématiques", en *Vingt ans de didactique des mathématiques en France,* París, La Pensée Sauvage Editions, 1994.
Castorina, José Antonio: "Psicogénesis e ilusiones pedagógicas", en Castorina, J.; Fernández, S.; Lenzi, A. y otros, *Psicología Ge-*

nética. Aspectos metodológicos e implicancias pedagógicas, Buenos Aires, Miño y Dávila editores, 1984.

Coll, César: "Las aportaciones de la psicología a la educación: el caso de la teoría genética y de los aprendizajes escolares", en C. Coll (comp.), *Psicología Genética y aprendizajes escolares,* Madrid, Siglo XXI, 1983.

—: *Aprendizaje escolar y construcción del conocimiento,* Buenos Aires, Paidós, 1990.

—: *Constructivismo e intervención educativa: ¿cómo enseñar lo que se ha de construir?,* Buenos Aires, FLACSO, 1993.

Chevallard, Yves: "La transposition didactique". *Recherches en Didactique des Mathématiques,* París, La Pensée Sauvage Editions, 1985.

—: *Observaciones sobre la noción de contrato didáctico,* Marsella, IREM d'Aix, Faculté des Sciences Sociales de Lumény, s/f.

—: "Concepts fondamentaux de la didactique: perspectives apportées par une approche anthropologique", *Recherches en Didactique des Mathématiques,* vol. 12/1, París, La Pensée Sauvage Editions, 1992.

Douady, Régine: "Jeux de cadres et dialectique outil-objet", *Recherches en Didactique des Mathématiques,* Grenoble, La Pensée Sauvage Editions, 1986.

Duckworth, Eleanor: "O se lo enseñamos demasiado pronto y no pueden aprenderlo o demasiado tarde y ya lo conocen: el dilema de aplicar a Piaget", en *Piaget,* Monografía de Infancia y Aprendizaje, Madrid, 1981.

Ferreiro, Emilia y Teberosky, Ana: *Los sistemas de escritura en el desarrollo del niño,* México, Siglo XXI, 1979.

Ferreiro, Emilia y Gómez Palacio, Margarita (comps.): *Nuevas perspectivas sobre los procesos de lectura y escritura,* México, Siglo XXI, 1982.

Ferreiro, Emilia: *Psicogénesis y educación,* Documentos del Departamento de Investigaciones Educativas, Centro de Investigación y de Estudios Avanzados del IPN, México, 1985.

—: *Proceso de alfabetización. La alfabetización en proceso,* Buenos Aires, Centro Editor de América Latina, 1987.

— (coord.): *Los hijos del analfabetismo. Propuestas para la alfabetización escolar en América Latina,* México, Siglo XXI, 1989.

Gilly, Michel: "À propos de la théorie du conflit socio-cognitif et des mécanismes psycho-sociaux des constructions cognitives: perspectives actuelles et modèles explicatifs", en *Construction des savoirs. Obstacles et conflicts,* Québec, Cirade, Les Editions Agence d'Arc, 1989.

Gilly, M.; Fraisse, J. y Roux, J. P. (1988): *Resolución de problemas en díadas y progresos cognitivos en niños de 11 a 13 años: dinámicas interactivas y mecanismos socio-cognitivos,* en *Interactuar y conocer,* Buenos Aires, Miño y Dávila editores, 1992.

Inhelder, B.; Bovet, M. y Sinclair, H.: *Aprendizaje y estructuras del conocimiento,* Madrid, Morata, 1974.

Inhelder, B.; Cellerier, G. y otros: *Le cheminement des découvertes de l'enfant. Recherches sur les microgenèses cognitives,* París, Delachaux et Niestlé, 1992.

Kamii, Constance: a) "Principios pedagógicos derivados de la teoría de Piaget: su trascendencia para la práctica educativa" y b) "El interaccionismo de Piaget y el proceso de enseñar a niños de corta edad", en Scwebel y Raph (comps.), *Piaget en el aula,* Buenos Aires, Huemul, 1981.

Kaufman, A. M.; Gómez Palacio, M. y colaboradores: *Implementación en el aula de nuevas concepciones sobre el aprendizaje de la lectura y la escritura,* México, SEP - OEA, 1982.

Kaufman, A. M.; Castedo, M.; Teruggi, L. y Molinari, M.: *Alfabetización de niños: construcción e intercambio,* Buenos Aires, Aique, 1989.

Kuhn, Deanna: "La aplicación de la teoría de Piaget sobre el desarrollo cognitivo a la educación", en *Piaget,* Monografía de Infancia y Aprendizaje, Madrid, 1981.

Laborde, Colette: *Prise en compte de la dimension sociale dans les recherches en didactique,* Equipe de Didactique des Mathématiques et de l'Informatique, CNRS, Université 1 Grenoble, 1986.

Lerner Delia: "La relatividad de la enseñanza y la relatividad de la comprensión: un enfoque psicogenético", en *Lectura y Vida,* Año 6, N° 4, diciembre de 1985.

Lerner, D.; Caneschi, G. y otros: "La lengua escrita: proceso de construcción y aprendizaje en el aula", en *Memorias de la Primera Jornada Nacional de Lectura,* Caracas, Ministerio de Educación-OEA, 1982.

Lerner, D. y Pizani, A.: *El aprendizaje de la lengua escrita en la escuela,* Caracas, Kapelusz Venezolana, 1990. Reeditado por Ed. Aique, Buenos Aires, 1992.

Lerner, D.; Levy, H. y otros: *Enseñando a escribir en el segundo ciclo,* Dirección de Curriculum, Secretaría de Educación y Cultura de la Municipalidad de Buenos Aires, 1993.

Lerner, D.; Sadovsky, P. y Wolman, S.: "El sistema de numeración: un problema didáctico", en *Didáctica de Matemáticas,* Buenos Aires, Paidós, 1994.

Margolinas, Claire: "Éléments pour l'analyse du rôle du maître: les phases de conclusion", *Recherches en Didactique des Mathématiques,* vol. 12/1, París, La Pensée Sauvage Editions, 1992.

Pérez Gómez, Ángel: "Piaget y los contenidos del currículo", en *Cuadernos de Educación,* N° 98, Caracas, 1982.

—: "El aprendizaje escolar: de la didáctica operatoria a la reconstrucción de la cultura en el aula", en J. Gimeno Sacristán y A. Pérez Gómez, *Comprender y transformar la enseñanza,* Madrid, Morata, 1992.

Perret Clermont, Anne-Nelly: *La construcción de la inteligencia en la interacción social,* Madrid, Aprendizaje Visor, 1984.

Perrin Glorian, Marie-Jeanne: *Questions didactiques soulevées à partir de l'enseignement des mathématiques dans des classes "faibles",* Equipe DIDIREM, Université Paris 7, s/f.

Piaget, Jean: "La psychologie, les relations interdisciplinaires et le système des sciences", *Bulletin de Psychologie,* 1966.

—: *Psicología y pedagogía,* Barcelona, Ariel, 1969.

—: *Psicología y epistemología,* Buenos Aires, Emecé, 1972.

—: *Adónde va la educación,* Barcelona, Teide, 1974a.

—: *El criterio moral en el niño,* Barcelona, Fontanella, 1974b.

—: *Problemas de psicología genética,* Barcelona, Ariel, 1975.
—: *Mes idées,* entrevista realizada por R. Evans, París, Denoël/Gonthier, 1977a.
—: *Psicología de la inteligencia,* Buenos Aires, Psique, 1977b.
Schubauer Leoni, Marie: "El desarrollo cognitivo de los niños en la escuela primaria. La psicología del aprendizaje en las diferentes situaciones pedagógicas", en *Revista de Educación* N° 279, Ministerio de Educación y Ciencia de España, enero-abril de 1986.
—: "Problématisation des notions d'obstacle epistémologique et de conflit socio-cognitif dans le champ pédagogique", en *Construction des savoirs. Obstacles et conflits,* Québec, Cirade, Agence d'Arc, 1989.
Sinclair, H.; Stambak, M. y otros: *Les bébés et les choses,* París, PUF, 1982.
Stambak, M. y otros: *Les bébés entre eux,* París, PUF, 1983.
Teberosky, Ana: "Construcción de escrituras a través de la interacción grupal", en Ferreiro y Gómez Palacio (comps.), *Nuevas perspectivas sobre los procesos de lectura y escritura,* México, Siglo XXI, 1982.
Vergnaud, G. y Durand, C.: "Estructuras aditivas y complejidad psicogenética", en C. Coll (comp.), *Psicología genética y aprendizajes escolares,* Madrid, Siglo XXI, 1983.
Vergnaud, Gérard: *Los niños, la matemática y la realidad,* México, Trillas, 1991.
Vigotsky, Lev: *El desarrollo de los procesos psicológicos superiores,* Barcelona, Crítica-Grupo Editorial Grijalbo, 1979.

ACERCA DE LA NECESARIA COORDINACIÓN ENTRE SEMEJANZAS Y DIFERENCIAS

Emilia Ferreiro

1. ANTECESORES Y DESARROLLOS ACTUALES

En este capítulo intentaré esclarecer las semejanzas y las diferencias entre la visión del desarrollo de la escritura en el niño que presentan Luria y Vigotsky y la visión de ese mismo desarrollo que resulta de mis propios trabajos.[1] Comentaré fundamentalmente el trabajo de Luria, que es quien realiza la investigación con niños en este campo y, en menor medida, la síntesis que presenta Vigotsky, quien apoya los resultados e interpretaciones de Luria, pero incluye este desarrollo en un marco más amplio.[2]

La difusión en Occidente del texto de Luria sobre el desarrollo de la escritura en el niño –texto de 1929– suscitó un amplio movimiento de admiración. ¿Por qué no conocimos antes ese texto? ¿Cómo es posible que la historia de la escritura en el niño, en el Occidente capitalista, se hubiera detenido en la historia de las grafías, ignorando que allá, en ese maravilloso despertar intelectual de la Rusia revolucionaria prestalinista, algunos eran capaces de ver

---

1. La primera parte de este capítulo retoma, con algunas modificaciones, el artículo publicado en *Cadernos de Pesquisa*, 1994.
2. Utilizo la traducción brasileña de los textos de Luria de 1929 y 1930, en Vigotskii, Luria, Leontiev, *Linguagem, desenvolvimento e aprendizagem* (1988). Utilizo la traducción norteamericana de un texto de Vigotsky publicado originalmente en 1935 y que aparece en inglés como un capítulo, titulado "The Prehistory of Written Language" en el volumen que lleva por título *Mind in Society* (editado por M. Cole, V. John-Steiner, S. Scribner & E. Souberman), 1978.

con ojos realmente nuevos las producciones tempranas de los niños? Cuando recogimos y analizamos los datos presentados en *Los sistemas de escritura en el desarrollo del niño* (libro que, lamentablemente, cambió de nombre en cada traducción),[3] desconocíamos ese trabajo de Luria; estábamos en los últimos momentos de la redacción cuando apareció, en traducción inglesa, *Mind in Society*. Por eso cerramos nuestro libro con estas palabras y una cita del texto de Vigotsky:

> Al finalizar nuestro trabajo descubrimos que estábamos haciendo, sin saberlo, lo que Vigotsky había claramente señalado hace décadas: "Una tarea prioritaria de la investigación científica es develar la prehistoria del lenguaje escrito en el niño, mostrando qué es lo que lo conduce hacia la escritura, cuáles son los puntos importantes por los que pasa este desarrollo prehistórico, y cuál es la relación entre este proceso y el aprendizaje escolar".

Otras afirmaciones de Vigotsky, contenidas en ese texto, coincidían enteramente con lo que habíamos concluido de manera independiente. Por ejemplo, el párrafo con el que inicia su texto:

> La enseñanza de la escritura ha sido concebida en términos prácticos demasiado estrechos. Se enseña a los niños a trazar letras y hacer palabras con ellas, pero no se les enseña el lenguaje escrito. Se enfatiza tanto la mecánica de leer lo escrito que se eclipsa el lenguaje escrito en cuanto tal (pág.105).

La misma idea es retomada al finalizar ese texto:

> [...] se debe enseñar a los niños la lengua escrita, no sólo la escritura de letras ["... *children should be taught written language, not just the writing of letters*"] (pág.119).

Por otra parte, algunas afirmaciones de Luria son sorprendente-

---

3. En Brasil se publicó con el título de *Psicogênese da Língua Escrita* (Porto Alegre, Artes Médicas, 1986); en inglés se tituló *Literacy Before Schooling* (Exeter y Londres: Heinemann, 1982); en italiano se tituló *La costruzione della lingua scritta nel bambino* (Florencia, Giunti Barbera, 1985).

mente próximas a las que yo misma hice (sin haberlo leído). Por ejemplo, la que inicia su texto de 1929:

> La historia de la escritura en el niño comienza mucho antes de la primera vez que el maestro pone un lápiz en su mano y le muestra cómo trazar letras (pág.143).

Otras afirmaciones de Luria coinciden plenamente con el pensamiento de Piaget. Por ejemplo:

> Cuando un niño entra en la escuela, no es una tabla rasa que pueda ser moldeada por el maestro según la forma que él elija (pág.101).
>
> Psicológicamente, un niño no es un adulto en miniatura (pág.102).

Sin duda, las prácticas de los informes científicos han ido cambiando con el tiempo. Leído con nuestros actuales cánones de "informe científico", aparecen varios signos de "desprolijidad" en el texto de Luria: nunca se sabe a ciencia cierta cuántos niños fueron interrogados, cuántas sesiones se desarrollaron con el mismo niño, cuántas y cuáles oraciones fueron presentadas, cuáles palabras, etcétera (reproches similares pueden hacerse a textos de Piaget de la misma época). Pero, además, aparecen extractos de entrevistas con niños normales y con niños "mentalmente retrasados", sin mayores precauciones al pasar de unos a otros. Incluso, el lector se entera de que cuando Yura, de 6 años, "recordó más palabras en la segunda serie que en la primera, recibió un trozo de dulce como recompensa" (pág.152), sin que esos detalles aparezcan mencionados en otros casos. Sin embargo, lo importante radica en otros aspectos.

Lo que es sensacional es la mirada del psicólogo Luria. Las seis primeras ilustraciones son –en su apariencia externa– apenas garabatos, zigzagues. El solo hecho de reproducirlas es ya indicativo de un cambio de actitud. El dedicar más de 20 páginas impresas a analizar esas producciones es, para esa época, sencillamente extraordinario.

La comparación más obvia entre los hallazgos de Luria y los nuestros reside en considerar la cantidad de niveles evolutivos distinguidos y el modo de distinguirlos. Es lo que hicieron, en Brasil,

Fraga Rocco (1990) y Setúbal (1993).[4] Sin embargo, desde mi propia perspectiva, lo más importante para comparar no reside allí. Para facilitar la confrontación, voy a referirme a mí misma en tercera persona.

Las diferencias entre Luria (1929) y Ferreiro (1979) se sitúan en el nivel de las preguntas que guían la experimentación. Ambos tienen preguntas que les permiten ver "algo nuevo" en las producciones infantiles. Pero *no son las mismas preguntas*.

Para Luria (y Vigotsky), la escritura es una importantísima *técnica* sociocultural, que, una vez aprendida, afecta las funciones psíquicas superiores. Luria se pregunta por los mecanismos de apropiación de esta técnica, creada por la humanidad para cumplir dos funciones fundamentales: una función mnémica y una función de comunicación. Luria dice:

> Un adulto escribe algo si desea acordarse de ello o transmitirlo a otro. Las actitudes de grupo se desarrollan bastante tarde en los niños; por lo tanto, esta segunda función de la escritura no aparece cuando se encuentra aún en sus estadios embrionarios (pág. 99).

¿Qué es lo que cita Luria para sostener que la función comunicativa de la escritura no puede aparecer "en sus estadios embrionarios"? Pues bien, cita a Piaget. Sin duda, el Piaget de *Lenguaje y pensamiento*. Véase qué curioso: incluso en manos de un lector tan competente como Luria, Piaget comienza a cumplir uno de los roles más contraproducentes, el rol que el Piaget investigador no intentó jamás cumplir (ni en el terreno educativo ni en el psicológico): el crear "prohibiciones", el señalar "lo que un niño no puede hacer". Es claro que Piaget analizó con el mayor detenimiento las limitaciones de cierto nivel de desarrollo, pero solamente *después* de haber indicado sus logros con respecto a un nivel precedente. Obras como *El nacimiento de la inteligencia* y *La construcción de lo real* son ejemplares de este doble movimiento con el cual se analiza cada nueva adquisición: los logros con respecto a la

---

4. Contrariamente al trabajo de Fraga Rocco, Setúbal enfatiza más las diferencias que las semejanzas.

etapa precedente, las limitaciones con respecto a la(s) subsiguiente(s). Lo impactante es observar que es precisamente ése el modo de proceder de Luria en el caso de la escritura: en cada nivel distinguido Luria se esfuerza por verlo a la vez "en positivo" y "en negativo".

En el enfoque de Luria, pues, la escritura tiene dos funciones: mnemónica y comunicativa. Dado que la función comunicativa no estaría al alcance de los niños pequeños, sólo resta estudiar la función mnemónica. Pero obsérvese bien: Luria no trata de identificar *qué funciones podría cumplir la escritura, desde el punto de vista de un sujeto en desarrollo.* Por el contrario, trata de observar cómo asume el niño las funciones que un adulto atribuye a la escritura. En otros términos, cómo llega a utilizar apropiadamente la escritura, en contextos donde también la utilizarían los adultos, para garantizar un recuerdo exacto de un enunciado lingüísticamente codificado. Lo funcional, pues, está subordinado a la idea instrumental de la escritura.

Ferreiro no se plantea las mismas preguntas. No caracteriza a la escritura como una técnica sino como un *objeto,* con un modo particular de existencia en el contexto sociocultural. Quiere saber qué clase de objeto es la escritura para un niño en proceso de desarrollo. Lo considera un objeto en sí, apto para una indagación epistemológica. No piensa que sea, a priori, un instrumento o una mera técnica. Por eso, no atribuye apresuradamente a la escritura las funciones que cumple en el adulto. La respuesta a la pregunta: ¿qué clase de objeto es la escritura para el niño?, llevará quizás a descubrir qué funciones le atribuye.

Por otra parte, señalemos que la dicotomía entre función mnemónica y función comunicativa es una sobresimplificación del problema. Históricamente hablando, el sello real o imperial, es decir la marca escrita que testimonia propiedad o identidad calificada, es muy antigua, y no corresponde de manera evidente a ninguno de los términos de la antedicha dicotomía. Es obvio que se acerca más a una función comunicativa, pero no se trata de la comunicación en términos de transmitir un mensaje, sino de la comunicación emblemática, o sea, el testimonio escrito de atributos de autoridad, poder, identidad calificada, que dan fuerza al acto comunicativo, el cual puede ser transmitido por otro conjunto de signos, ellos sí propiamente comunicativos.

El punto de discrepancia más importante que quisiera enfatizar es el siguiente. Luria (1929-1930) está fuertemente influenciado por una versión –la versión dominante en su época y hasta fecha reciente– sobre la evolución histórica de la escritura.

> [...] el desarrollo de la escritura en el niño prosigue a lo largo de un camino que podemos describir como la transformación de un garabato no diferenciado en un signo diferenciado. Líneas y garabatos son sustituidos por figuras e imágenes, y éstas dan lugar a signos. En esta secuencia de acontecimientos está todo el camino del desarrollo de la escritura, tanto en la historia de la civilización como en el desarrollo del niño (pág. 161).

El texto dedica una sección completa a analizar "la fase pictográfica del desarrollo de la escritura".

Más aún, como el objetivo manifiesto de la experimentación era "acelerar el proceso" (pág. 171) y hacer pasar al niño de los grafismos indiferenciados a "una actividad gráfica diferenciada", Luria descubre que la introducción de referentes numéricos en las oraciones propuestas para ser recordadas, así como la mención de objetos fácilmente dibujables, aceleraban el pasaje a la llamada "pictografía". Aquí también hay diferencias sensibles con Ferreiro (1979), que no intenta acelerar el proceso –*mal podría en esa época tratar de acelerar un proceso que desconoce*– sino tratar de inferir, a través de las producciones infantiles, la manera en que los niños conciben la escritura.

Pero podríamos preguntarnos algo más: ¿cómo se puede acelerar un proceso que no se conoce? Hay dos maneras de hacerlo: 1) definir un nivel o estadio final que debe ser alcanzado lo antes posible e independientemente de las interpretaciones infantiles acerca del objeto de ese aprendizaje; 2) definir, además, *las etapas* de ese proceso en función de un modelo externo. Según esta última interpretación, "acelerar el proceso" no consiste en obtener cuanto antes el nivel final, sino aquellos niveles que el modelo externo define como "superiores" en una secuencia evolutiva.

Creemos que es correcto atribuir esta segunda interpretación al pensamiento de Luria (la primera es más próxima al conductismo). Luria observa que ciertas características del *contenido* de las frases que se presentan para ser recordadas ayudan a pasar de los garabatos a la llamada "pictografía": referencias cuantitativas y sustantivos fácilmente dibujables. Eso acelera el proceso, si y sólo si consideramos que el pasaje de formas gráficas no icónicas a las formas gráficas icónicas es *un paso necesario en la adquisición de la escritura*. Luria, por supuesto, no nos da ninguna evidencia psicológica de tal paso necesario. Se apoya en un modelo externo –la visión dominante en su época de la historia de la escritura en la humanidad– para afirmarlo sin someterlo al menor escrutinio. Y para dejarnos, además, en la más absoluta oscuridad en lo que se refiere al pasaje de lo pictográfico a lo alfabético. En el texto de 1930 el pasaje a este último período se presenta de manera brusca, por intervención de un nuevo agente cultural:

> [...] este período primitivo de la capacidad de leer y escribir del niño [...] llega a su fin cuando el maestro da un lápiz al niño (pág. 180).

Una diferencia marcada entre Luria (1930) y Ferreiro (1979 y posteriores) se sitúa en este punto: para Luria el ingreso a la institución escolar crearía, de por sí, una ruptura con los conocimientos previos; para Ferreiro, el ingreso a la institución escolar interactúa con las concepciones previas de los niños, y no determina automáticamente un pasaje de nivel conceptual. Ferreiro (1982, 1983) fue capaz de demostrar esto; Luria ni siquiera intentó indagar de qué manera las concepciones previas interactuaban con la enseñanza escolar.[5]

---

5. Las razones históricas que pueden condicionar el marcado optimismo escolar de Vigotsky y Luria son comprensibles. Ya Piaget había comentado (1962) que "es preciso tomar precauciones contra un excesivo optimismo bio-social en el cual Vigotsky a veces parece caer". Después de más de una década de severas críticas al rol ideológico de la institución escolar podemos atrevernos a relativizar esa visión de la escuela como lugar privilegiado de acceso a los conocimientos científicos.

Otra diferencia importante entre Luria (1929) y Ferreiro (1979 y posteriores) es ésta: Luria habla de etapas en las cuales hay una *sustitución* de una técnica por otra.

> Como cualquier otra función psicológica cultural, el desarrollo de la escritura depende, en considerable medida, de las técnicas de escritura utilizadas y equivale esencialmente a la sustitución de una técnica por otra (pág. 180).

Esto es particularmente importante, porque la idea de *sustitución* parece enteramente opuesta a la de *construcción*. En el texto de 1930, Luria explicita esta idea:

> [...] una vez que el niño ha aprendido la escritura simbólica [...] pierde o descarta todas las anteriores, que constituían formas más primitivas, y se sumerge por entero en esta nueva técnica cultural (pág. 100).

Este punto es de importancia decisiva. Para no ser demasiado severos podríamos quizás aceptar que estamos delante de un texto que corresponde a los primeros intentos de elaborar una concepción constructivista del desarrollo, cuyas dificultades son evidentes: o bien tenemos un "constructivismo radical" (similar al de Piaget, que lo extiende a todas las etapas del desarrollo, incluido el desarrollo científico) y a todos los dominios del conocimiento (incluidas las matemáticas), o bien tenemos una especie de "constructivismo espontaneísta", previo a la instrucción formal, que se detiene cuando esta última comienza.

Volvamos a la influencia de la historia de la escritura en el trabajo de Luria. En un párrafo del texto de 1930, Luria reúne las dos ideas: la de sustitución y la de paralelismo con la evolución histórica.

> El desarrollo de las habilidades culturales de conteo y escritura involucra una serie de estadios en los cuales una técnica es continuamente descartada en favor de otra. Cada estadio subsiguiente suplanta al anterior; sólo después de haber pasado por los estadios en los que inventa sus propios recursos y aprendido los sistemas culturales

que evolucionaron a lo largo de siglos, el niño llega al estadio de desarrollo característico del hombre avanzado, civilizado (pág. 101).

Ferreiro (1979) también está muy marcada por las referencias a la historia de la escritura. A pesar de escribir 50 años después de Luria, ambos comparten una "versión oficial de la historia de la escritura" que, a grandes rasgos, va de la pictografía a la fonetización; esta última se inicia por procedimientos de *rebus,* pasa por sistemas silábicos y culmina en el sistema alfabético. Para Ferreiro (1979) los autores de referencia eran Gelb (1952) y Cohen (1958) y, en segundo plano, Jensen (1969) y Février (1959). La sección 4 del capítulo VIII del libro de 1979 ("Las soluciones históricas al problema de la escritura") intenta confrontar ambas evoluciones. Es una sección que, con leves modificaciones, su autora firmaría hoy, es decir, 15 años después de haberla publicado. Y ahora paso a hablar en primera persona.

Durante la gestación del libro *Los sistemas de escritura en el desarrollo del niño,* la literatura pedagógica y psicológica sobre el tema, entonces disponible, resultó sumamente decepcionante. La única literatura intelectualmente estimulante fue la relativa a la historia de la escritura. Gelb, en particular, con la importancia acordada a las escrituras silábicas en la reconstrucción de la historia del alfabeto, y con aspectos tales como la importancia de la escritura de los nombres propios para obligar al pasaje a la fonetización, daban ocasión para caer en la tentación: a pesar de estar expuestos a un único tipo de escritura (alfabética), los niños recapitularían algunos momentos clave de la historia de la escritura en la humanidad. Sin embargo, es preciso reconocer que de ninguna manera intentamos adoptar una tesis de "recapitulación":

> Este paralelismo entre la historia cultural y la psicogénesis no debe interpretarse como un intento de reducir la primera a la segunda (pág. 360).
> [...] las razones de la similitud de ambos procesos hay que buscarlas en los mecanismos de toma de conciencia de las propiedades del lenguaje (pág. 361).
> La similitud de las progresiones histórica y psicogenética habría

que buscarla en un análisis de los obstáculos que deben ser superados –cognitivamente hablando– para acceder a una toma de conciencia de ciertas propiedades fundamentales del lenguaje (pág. 362).

En ese momento estábamos fascinadas –Ana Teberosky y yo– con las escrituras silábicas como antecesoras de las alfabéticas. Descubrir que Gelb, en su reconstrucción de la historia de la escritura, concedía una importancia fundamental a las escrituras silábicas (interpretando las semíticas como silábicas) no podía menos que impactarnos.

Sin embargo, algunos detalles de la evolución –tal como Gelb la presenta– entraban en flagrante contradicción con los datos de la evolución en el niño. En particular, el rol de la pictografía. En la evolución psicológica *no hay dato alguno para suponer que la pictografía precede a la escritura fonográfica.* Una cosa es la utilización de dibujos como recordatorio –tal como la obtiene Luria– y otra muy diferente es la generación de *sistemas de marcas,* que guardan una relación no aleatoria entre sí, y cuyo objetivo fundamental es representar algunas de las propiedades y relaciones del lenguaje, convertido en objeto a ser representado.

En el libro de 1979 decimos claramente:

> La línea de desarrollo psicogenético que hemos trazado comienza con la separación de los sistemas representativos icónicos y los no-icónicos [...] (pág. 360).

En textos posteriores –en particular en el capítulo original en francés, titulado "L'écriture avant la lettre", de 1988– enfatizo y explico por qué ésta parece ser la primera distinción, a partir de la cual hay, sin duda, una evolución del dibujo como tal y una evolución de la escritura, que apenas reconocen un origen común: los grafismos indiferenciados iniciales.

En 1979 creíamos que la historia de la escritura en la humanidad estaba "ya escrita", mientras que la historia de la escritura en el desarrollo del niño estaba "en vías de escrituración". Actualmente la situación ha cambiado mucho. La producción académica sobre problemas de historia de la escritura se ha incrementado notablemente, y también se ha diversificado con la contribución de profesionales de los más variados orígenes. Por otra parte, el aumento de las piezas disponibles a partir de excavaciones, así como una mayor precisión en los instrumentos de datación, obligan a revisar algunas de las interpretaciones más difundidas. Creo que no es exagerado afirmar que estamos asistiendo a la aparición de un campo multidisciplinario que aún no tiene nombre ni ubicación clara dentro de las disciplinas académicas.

El único aspecto que voy a considerar, porque es relevante para esta discusión, es el relativo al origen pictográfico de la escritura. En fecha reciente se ha enfatizado una distinción que, una vez enunciada, se antoja elemental: no confundir la historia de las marcas gráficas con la historia de los sistemas de marcas lingüísticamente interpretados.

Los elementos con los que se construye un sistema notacional pueden tener el más variado origen, ya que el hombre ha sido productor de marcas antes de ser capaz de inventar *sistemas* de marcas. La aparición de la escritura no suprime las marcas pictóricas, porque ellas sirvieron y continúan sirviendo a otros fines. ¿Qué hay, entonces, de las historias repetidas en todos los libros de divulgación que tratan de la evolución de la escritura, y que nos presentan, por ejemplo, la evolución del dibujo de la cabeza de buey, su estilización y, finalmente, la letra griega alpha, convertida luego en nuestra A? La respuesta es simple: la historia de las grafías individuales es una cosa, la de los sistemas de escritura es otra.

Hay aquí, obviamente, dos problemas distintos involucrados: uno, el de la mayor antigüedad relativa de las marcas pictográficas con respecto a las no pictográficas; otro, el de la relación entre la naturaleza de los sistemas de escritura y el origen de los grafemas utilizados. Unas pocas citas son suficientes para dar una somera idea de los términos en los que se ubica el debate actual.

(a) Leroi-Gourhan (1964), refiriéndose a las marcas gráficas dejadas por nuestros ancestros del paleolítico, hace una afirmación rotunda:

Un punto sobre el cual tenemos ahora certeza completa es que el grafismo no se inicia con la representación ingenua de lo real sino en lo abstracto (pág. 263).

(b) Denise Schmandt-Besserat (1978), con referencia a la escritura sumeria:

> Las hipótesis acerca del origen de la escritura generalmente postulan una evolución de lo concreto hacia lo abstracto: un estadio pictográfico inicial que, en el transcurso del tiempo y quizá debido al descuido de los escribas, se hace progresivamente esquemático. Las tabletas de Uruk contradicen esta línea de pensamiento. La mayoría de los 1500 signos [...] son ideogramas totalmente abstractos.

(c) Piotr Michalowski (1994), también con referencia a la escritura sumeria:

> Varios tipos de procedimientos comunicativos no lingüísticos han estado en uso en el Cercano Oriente durante milenios, algunos de ellos con alcance local, otros con mayor alcance, y sin duda el inventor, o inventores, del nuevo sistema [de escritura] utilizaron varios de los elementos de esos otros instrumentos de comunicación. [...] debemos ser cuidadosos en no confundir la historia de los símbolos individuales con la historia de los sistemas de escritura en cuanto tales.

La visión escolar tradicional se focaliza en las grafías y olvida los sistemas. Va de lo concreto (para el caso, lo figurativo) a lo abstracto (para el caso, lo no figurativo). Si nuestro libro de 1979 lleva por título *Los sistemas de escritura en el desarrollo del niño* es precisamente porque nos ocupábamos de los sistemas (en plural) y no de las grafías individuales. En el curso de nuestra indagación descubrimos que ciertos principios organizadores generales –tales como la cantidad mínima y la variedad interna– *preceden* a los principios de interpretación alfabética. (No confundir los principios organizadores cuantitativos con la posibilidad de obtener una marcación vagamente "numérica", tal como lo señala Luria.) El desarrollo va de lo abstracto hacia lo concreto, ya que lo propio de la actividad estructurante del sujeto es la construcción de esquemas interpretativos generales para poder comprender (asimilar) los desafíos de la realidad. Ésas son ideas que están en el núcleo de la teoría piagetiana, aunque puedan sorprender a quienes tienen una lectura superficial de esa teoría.

La comparación que acabo de hacer tiene por objetivo ayudar a ubicar correctamente las diferencias, sin olvidar las semejanzas. No pretendo agudizar una polémica que conozco pero que estimo mal planteada. No es posible que se solicite (implícita o explícitamente) a los educadores *optar* entre Luria (1929-1930) y Ferreiro (1979 a la fecha). Ésa es una actitud profundamente anticientífica porque, además de suponer la irrelevancia de las épocas históricas, presupone una aplicación directa de las teorías psicogenéticas a la práctica pedagógica.

Cuando un autor descubre un antecesor tan próximo y tan importante como Luria, no puede menos que sentir gran admiración por ese trabajo pionero y absolutamente excepcional para su época. Al mismo tiempo, no puede menos que lamentar profundamente que Luria, en lugar de proseguir en esa línea, la haya abandonado, a tal punto que en publicaciones posteriores sobre ese tema –ciertamente mucho más centradas en la patología– no se encuentra la menor mención a esos trabajos "de juventud". De hecho, es difícil –al menos para mí– poner en relación esos trabajos posteriores de Luria con el que aquí comentamos.

No es posible imaginar, suponer, presuponer o explícitamente indicar que la opción pedagógica actual (con respecto a la evolución de la escritura en el niño) corresponda a Luria (1929-1930) *o* Ferreiro (disyunción exclusiva). En todo caso, lo importante es realizar las experimentaciones necesarias para *actualizar* el debate, completando lo que Luria dejó apenas esbozado, en un único trabajo de investigación.

Las relaciones entre la práctica pedagógica y los referentes teóricos son complejas e intrincadas, y no es posible reducirlas a un simple etiquetaje.

Si se acepta que la psicología es una ciencia, los debates científicos deben dirimirse en el terreno propio de la ciencia, caracterizada por confrontación de evidencias empíricas y de interpretaciones teóricas. Lo propio de la ciencia es avanzar. El reconocimiento de antecedentes históricos es una cosa; retrotraer el debate a la época de los antecesores es otra.[6]

2. Interpretación, intérpretes e interpretantes

Una cosa es invocar lo social y otra muy distinta es hacerlo entrar en el análisis del fenómeno que se estudia.

> Por lo tanto, no es a la "vida social", en bloque, a la que debe apelar la psicología, sino a una serie de relaciones que se establecen, según todas las combinaciones posibles, entre individuos de distintos niveles de desarrollo mental y en función de tipos diferentes de interacción (Piaget, 1962, pág. 11).

En ese texto, Piaget está polemizando con Wallon. Pero, independientemente de la polémica, el enunciado tiene vigencia. En ese mismo libro, Piaget, mostrándose "enteramente de acuerdo con la necesidad de apelar a los factores sociales para explicar el pensamiento", insiste en la misma idea:

> Pero el recurrir al concepto global de la "vida social" nos parece inadmisible en psicología: la "sociedad" no es ni una cosa ni una causa, sino un sistema de relaciones que el psicólogo debe analizar y distinguir separadamente en sus efectos respectivos.

¿Cuándo se introduce "lo social" en la psicogénesis de la escritura? Desde el inicio. En primer lugar, porque el objeto mismo es una invención histórico-cultural. Cualquier escritura (desde los primeros intentos históricos hasta los contemporáneos) es, desde el punto de vista material, un conjunto de marcas intencionales sobre una superficie. Pero no cualquier conjunto de marcas constituye una

---

6. Por ejemplo, cuando Noam Chomsky (1966) busca explícitamente sus antecesores en la lingüística cartesiana, nadie supone que intente retrotraer el debate a los términos de la Gramática de Port-Royal, del siglo XVII.

escritura: son las prácticas sociales de interpretación las que las transforman en objetos lingüísticos (con un alto valor social agregado). En segundo lugar, "lo social" interviene desde el inicio, ya que esas marcas son opacas hasta que un interpretante permite, al niño en proceso de desarrollo, atisbar las complejas relaciones entre esas marcas y una cierta producción lingüística.

Llamaremos *interpretación* al acto que transforma esas marcas en objetos lingüísticos. El sujeto que realiza el acto de interpretación es un *intérprete*. Cuando este acto se realiza por y para un "otro" (concebido como parcial o accidentalmente incapaz de actuar como intérprete), el intérprete se convierte en *interpretante*.

¿Cómo se pasa de la escritura-conjunto-de-marcas a la escritura-objeto-simbólico? A través de un interpretante que nos introduce en un mundo mágico.[7]

El interpretante informa al niño, al efectuar ese acto aparentemente banal que llamamos "un acto de lectura", que esas marcas tienen poderes especiales: con sólo mirarlas se produce lenguaje. El acto de lectura es un acto mágico. ¿Qué hay detrás de esas marcas para que el ojo incite a la boca a producir lenguaje? Ciertamente, un lenguaje peculiar, bien diferente de la comunicación cara a cara. Quien lee no mira al otro, sino a la página (o cualquier otra superficie sobre la cual se realizan las marcas). Quien lee parece hablar para otro, pero lo que dice no es su propia palabra, sino la palabra de un "Otro" que puede desdoblarse en muchos "Otros", salidos de no se sabe dónde, escondidos también detrás de las marcas. El lector es, de hecho, un actor: presta su voz para que el texto se re-presente (en el sentido etimológico de "volver a presentarse"). Por lo tanto, el interpretante habla pero no es él quien habla; el interpretante dice pero lo dicho no es su propio decir sino el de fantasmas que se realizan a través de su boca.

La lectura es un gran escenario donde es preciso descubrir quiénes son los actores, los *metteurs en scène* y los autores. (Sin olvidar a los traductores porque, en gran medida, la lectura es un acto de

---

7. Lo que sigue son apenas los prolegómenos para un análisis propiamente técnico de la relación a la que hacemos referencia.

presentación de otra lengua, semejante pero diferente de la lengua cotidiana.)[8]

El interpretante-lector es un ilusionista que saca, de ese sombrero mágico que es su boca, los más insospechados objetos-palabras, en un despliegue de sorpresas que parece infinito.

Parte de la magia consiste en que el *mismo texto* (o sea, las mismas palabras, en el mismo orden) vuelven a re-presentarse una y otra vez, delante de las mismas marcas. ¿Qué hay en esas marcas que permite no solamente elicitar lenguaje, sino provocar el mismo texto oral, una y otra vez? La fascinación de los niños por la lectura y relectura del *mismo cuento* tiene que ver con este descubrimiento fundamental: la escritura *fija la lengua*, la controla de tal manera que las palabras no se dispersen, no se desvanezcan ni se sustituyan unas a otras. Las mismas palabras, una y otra vez: gran parte del misterio reside en esta posibilidad de repetición, de reiteración, de re-presentación.[9]

La literatura norteamericana nos ha informado desde hace tiempo de las correlaciones positivas que existen entre la lectura de cuentos a temprana edad y rendimientos escolares posteriores del niño a quien se le leyeron cuentos en su casa. Lo que no nos dice esa literatura es qué pasa entre el lector y el niño, mediados por el texto oralizado, en términos de elaboración de significados. Algunos de los grandes escritores consiguen restituirnos (a pesar de todas las distorsiones de un recuerdo reelaborado) la magia de ese instante. Por ejemplo, Jean Paul Sartre, en este extraordinario fragmento de *Las palabras:*

8. [...] la traducción está formal y pragmáticamente implícita en cada acto de comunicación, en la emisión y recepción de todos y cada uno de los modos de significar, ya sea en un sentido semiótico amplio, o más específicamente en los intercambios verbales (Steiner, 1992, pág. xii).

9. Quiero rendir homenaje a los niños de comunidades rurales aisladas de México, con quienes trabajamos en un proyecto de tres años de duración (1990-93), porque fueron ellos quienes nos ayudaron a entender la magia de la lectura en voz alta. Independientemente del texto leído y de la calidad del lector (en tanto intérprete), aparecía la misma respuesta una y otra vez: un silencio deslumbrado.

Ana María me hizo sentar frente a ella, en mi sillita; ella se inclinó, bajó los párpados, se adormeció. De ese rostro de estatua surgió una voz de yeso. Yo perdí la cabeza: ¿quién contaba?, ¿qué?, ¿y a quién? Mi madre se había ausentado: ni una sonrisa, ni un signo de complicidad; yo estaba en exilio. Y además no reconocía su lenguaje. ¿De dónde sacaba ella esa seguridad? Luego de un instante había comprendido: era el libro el que hablaba. Salían de allí frases que me daban miedo: eran verdaderos ciempiés, hormigueaban sílabas y letras, estiraban sus diptongos, hacían vibrar las consonantes dobles; sonoras, nasales, cortadas por pausas y suspiros, ricas en palabras desconocidas, que se encantaban de sí mismas y de sus meandros sin preocuparse de mí: a veces desaparecían antes de que yo hubiera podido comprenderlas, y otras veces yo ya había comprendido pero ellas continuaban rodando noblemente hacia su fin sin ahorrarme ni una coma. Sin duda alguna, ese discurso no me estaba destinado. La historia, por su parte, se había vestido de domingo: el leñador, la leñadora y sus hijas, el hada, todos esos personajes, nuestros semejantes, habían asumido majestuosidad; se hablaba de sus harapos con magnificencia, las palabras impregnaban las cosas, transformando las acciones en ritos y los acontecimientos en ceremonias (págs. 34-35).

En la escritura deben estar las palabras (pero ¿cómo?), ya que cada acto de lectura del mismo libro restituye inmutablemente el texto. ¿Cómo se pasa de la escritura-objeto-simbólico no analizado a un análisis de la especificidad de las marcas que las transformará en significantes en sentido pleno? En otras palabras, ¿cómo se pasa de la escritura relacionada con el lenguaje, pero de una manera global y preanalítica, a las marcas tratadas como un sistema que guarda relaciones bien definidas con el sistema de los signos lingüísticos?

La intervención del interpretante es esencial en la transformación de un objeto opaco (las marcas como objetos físicos) en un objeto simbólico (marcas que elicitan lenguaje). Esa primera –y decisiva– intervención del interpretante suscita una serie de búsquedas por parte del niño: ¿cuáles son las propiedades identificables en las marcas que pueden o no suscitar lenguaje?; ¿cuáles son las relaciones de semejanzas y diferencias entre las marcas que pueden ponerse en relación con semejanzas y diferencias en la emisión oral?; ¿cuáles son las relaciones de equivalencia entre marcas objetivamente diferentes pero que deben ser tratadas como similares?; ¿qué de todo "lo que se dice" y "la manera de decir lo dicho" queda plasmado en las marcas, y qué es lo que el interpretante restituye en ese acto singular de interpretación que llamamos "lectura"?

Para que ese acto de otro (la lectura) se convierta en conocimiento propio hace falta una actividad específica por parte del destinatario (algo más que una simple internalización, que podría confundirse con una imitación interna). Es aquí donde los mecanismos de asimilación y acomodación encuentran su razón de ser, como hemos tratado de demostrar a otros trabajos (Ferreiro, 1986, cap.III).

Una interacción compleja entre interpretante, niño en desarrollo (que también es intérprete, pero a otro nivel) y las propiedades del sistema de marcas, conduce lentamente a la transformación de las marcas: de objetos globalmente pero no analíticamente transparentes, hacia una creciente analiticidad.

El drama de muchísimos niños es que, no habiendo contado con interpretantes en sus primeros años, al llegar a la escuela tampoco los encuentran. La maestra no actúa como intérprete ni como interpretante, sino como decodificadora. Las familias silábicas y los deletreos reducen el misterio a un entrenamiento y la palabra se disuelve en componentes que destruyen el signo lingüístico. ¿Dónde está la magia, el misterio, el desafío a ser superado, el objeto de conocimiento a ser alcanzado?

La escritura no sustituye, sino que representa, en un sentido por demás complejo. Representa, como un representante a lo representado: el representante retiene ciertas propiedades y relaciones del objeto representado, pero no todas (en cuyo caso no sería un representante, sino otra instancia o ejemplo de lo representado). Una representación no es una copia, un calco o un doble. Es un objeto distinto de lo representado. La escritura transforma un objeto multidimensional en uno bidimensional, y convierte el orden temporal en un orden lineal (como también lo hace la escritura musical).

En ese proceso de transformación del objeto –producto de la notación– se crea *otro* objeto, con vida (social) propia. La mayoría de los grandes lingüistas de este siglo han considerado a la escritura como una notación (imperfecta) de la lengua oral, como si la escritura hubiese sido históricamente creada para dar cuenta (de manera exclusiva) del nivel fonológico. Vachek (1989), de la escuela de Praga (uno de los pocos lingüistas que no despreciaron la reflexión sobre la escritura), en un artículo destinado a esclarecer las diferencias entre una transcripción fonética del habla (recurso técnico) y la escritura (objeto histórico-cultural) concluye con claridad ejemplar lo siguiente:

> La gran mayoría de los seguidores de la teoría estructuralista aceptan que el sistema fonémico es sólo uno de los aspectos del lenguaje considerado como un sistema y, por lo tanto, el sistema fonémico no puede reclamar el derecho exclusivo de ser reflejado en la escritura (pág. 7).

La representación no es neutra: representa y crea representaciones (la noción exhaustiva de palabra, por ejemplo, es tributaria de la representación, aunque se apoye en una noción "intuitiva" y no exhaustiva de "palabra").

La representación representa pero permite múltiples interpretaciones y re-presentaciones. Cada lectura en voz alta es a la vez una interpretación y una re-presentación. Es quizás en el dominio de la música donde lectura, interpretación y re-presentación están mejor diferenciadas: la lectura musical está netamente diferenciada de la interpretación. Gracias al creciente refinamiento de las técnicas de registro sonoro podemos distinguir la interpretación de dos grandes intérpretes de la *misma* partitura, y podemos comparar re-presentaciones diversas de un mismo intérprete.

¿Con qué idea de la escritura vamos a analizar la práctica docente, los intercambios sociales controlados por la escritura, los esfuerzos infantiles por traspasar la barrera de la opacidad de las marcas? ¿Creemos acaso que el análisis de las interacciones sociales indispensables para convertir las marcas escritas en objetos simbólicos puede hacerse desde una visión ingenua de la naturaleza de ese objeto?

La escritura, como objeto de análisis científico, apenas está comenzando su propia historia. Por una vez, la psicología no llega tarde al debate. La voz de los niños puede contribuir a esclarecer la pregunta epistemológica aún abierta: ¿qué clase de objeto es la escritura?

BIBLIOGRAFÍA

Cohen, M.: *La grande invention de l'écriture et son évolution,* París, Klincksiek, 1958.
Chomsky, N.: *Cartesian Linguistics,* Nueva York y Londres, Harper & Row, 1966.
Ferreiro E. y Teberosky, A.: *Los sistemas de escritura en el desarrollo del niño,* México, Siglo XXI, 1979. [Trad. portug., *Psicogênese da lingua escrita,* Porto Alegre, Artes Médicas, 1986.]
Ferreiro, E., Gómez Palacio, M. y otros: (1982) *Análisis de las perturbaciones en el proceso de aprendizaje escolar de la lectura y la escritura,* México, OEA y SEP (DGEE) (5 fascículos), 1982. [Versión revisada y corregida traducida al francés, *Lire-écrire à l'école. Conment s'y aprennent-ils?,* Lyon, Centre Régional de Documentation Pédagogique, 1988.]
Ferreiro, E.: "Psicogénesis de la escritura", en C. Coll (comp.), *Psicología genética y aprendizajes escolares,* Madrid, Siglo XXI, 1983.
—: *Proceso de alfabetización. La alfabetización en proceso,* Buenos Aires, Centro Editor de América Latina, 1986.
—: "L'écriture avant la lettre", en H. Sinclair (comp.), *La production de notations chez le jeune enfant,* París, Presses Universitaires de France, 1988. [Trad port., *A produçâo de notaçoes na criança,* San Pablo, Cortez, 1990.]
—: "Luria e o desenvolvimento da escrita na criança", *Cadernos de Pesquisa,* Nº 88, 1994, págs. 72-77.
Février, J.: *Histoire de l'écriture,* París, Payot, 1959 [reedición 1984].
Fraga Rocco, M. T.: "Acceso ao mundo da escrita: os caminhos paralelos de Luria e Ferreiro", *Cadernos de Pesquisa,* 75, 1990.

Gelb, I.: *A Study of Writing*, Chicago, University of Chicago Press, 1952. [Trad. esp., *Historia de la escritura*, Madrid, Alianza, 1976].
Jensen, H.: *Sign, symbol and script*, Nueva York, Putnam, 1969.
Leroi-Gourhan, A.: *Le geste et la parole-Technique et langage*, París, Albin Michel, 1964.
Michalowski, P.: "Early Literacy Revisited", en D. Keller-Cohen (comp.), *Literacy, Interdisciplinary Conversations*, Hampton Press, 1994.
Piaget, J. (1946): *La formación del símbolo en el niño*, México, Fondo de Cultura Económica, 1961.
—: *Comments on Vygotsky's Critical Remarks*, Cambridge, M.I.T. Press, 1962. (Fascículo anexado a la primera traducción al inglés de L. S. Vigotsky, *Thought and Language*.)
Sartre, J. P.: *Les mots*, París, Gallimard, 1964.
Schmandt-Besserat, D.: "The Earliest Precursor of Writing", *Scientific American*, junio de 1978.
Setúbal, M. A.: "A língua escrita numa perspectiva interacionista: Embates e Similaridades", en *Idéias, 20 - Construtivismo em revista*, San Pablo, FDE, 1993, págs. 95-104.
Steiner, G. (1975): *After Babel*, Oxford University Press, 1975; 2a. ed., 1992.
Vachek, J.: *Written Language Revisited*, Amsterdam, John Benjamins, 1989.
*Vygotsky, L. S.: *Mind in Society*, Cambridge y Londres, Harvard University Press, 1978.
Vigotskii, L. S., Luria, A. R. y Leontiev, A. M.: *Linguagem, desenvolvimento e aprendizagem*, San Pablo, Icone Editora & Editora da USP, 1988.

---

*Se conserva la ortografía del original: Vygotsky, en inglés; Vigotskii, en portugués.

PAIDÓS EDUCADOR

Últimos títulos publicados

93. G. Ferry - *El trayecto de la formación*
94. C. Blouet-Chapiro y G. Ferry - *El psicosociólogo en la clase*
95. J. Funes - *La nueva delincuencia infantil y juvenil*
96. V. Bermejo - *El niño y la aritmética*
97. M. Arca, P. Guidoni y P. Mazzoli - *Enseñar ciencia. Cómo empezar: reflexiones para la educación científica de base*
98. P. Bertolini y F. Frabboni - *Nuevas orientaciones para el currículum de la educación infantil (3-6 años)*
99. Cl. B. Chadwick e I. N. Rivera - *Evaluación formativa para el docente*
100. L. P. Bosch y otros - *Un jardín de infantes mejor. Siete propuestas*
101. J. P. Besnard - *La animación sociocultural*
102. S. Askew y C. Ross - *Los chicos no lloran*
103. M. Benlloch - *Ciencias en el parvulario*
104. M. Fernández Enguita - *Poder y participación en el sistema educativo*
105. C. Carreras y otros - *Organización de una biblioteca escolar, popular o infantil*
106. F. Canonge y R. Ducel - *La educación técnica*
107. D. Spender y E. Sarah - *Aprender a perder. Sexismo y educación*
108. P. Vayer, A. Duval y C. Roncin - *Ecología de la escuela*
109. H. Gardner - *La mente inculta*
110. B. Aisenberg y S. Alderoqui (comps.) - *Didáctica de las ciencias sociales*
111. G. Alisedo y otros - *Didáctica de las ciencias del lenguaje*
112. C. Parra e I. Saiz (comps.) - *Didáctica de las matemáticas*
113. H. Weissmann (comp.) - *Didáctica de las ciencias naturales*
114. H. Gardner - *Educación artística y desarrollo humano*
115. E. W. Eisner - *Educar la visión artística*
116. M. Castels y otros - *Nuevas perspectivas críticas en educación*
117. A. Puiggrós - *Imperialismo, educación y neoliberalismo en América latina*
118. A. Coudron - *Etnometodología y educación*
119. N. Luhman - *Sociología de la educación*
121. J. A. Castorina y otros - *Piaget-Vigotsky: contribuciones para replantear el debate*

Este libro se terminó de imprimir en el mes de febrero de 1996
en los Talleres Gráficos D'Aversa e Hijos S.A.
V. López 318 - Quilmes